SOCIAL SCIENCE DESIGN THINKING

CAPSTONE DESIGN

사과(사회과학)를 위한

디자인싱킹 기반 캡스톤디자인 論

저자 안용주 · 김면기 공저

선문대학교
SUN MOON UNIVERSITY

목 차

01 캡스톤디자인의 이해

02 캡스톤디자인 Tool Box

03 캡스톤디자인 과제수행 프로세스

04 원격수업용 툴 사용법

표 목 차

그림목차

Chapter

1

캡스톤디자인의 이해

1. 캡스톤디자인이란 무엇인가?
2. 캡스톤디자인 해외사례
3. 캡스톤디자인 국내사례
4. 캡스톤디자인 연계사례

Chapter

01

캡스톤디자인의 이해

제1장

캡스톤디자인이란 무엇인가?

캡스톤과정(capstone course)는 capstone unit, capstone project, capstone subject, capstone experience 등 다양한 이름으로 불린다. 캡스톤(cap-stone)이라는 용어는 건물이나 기념물을 완성하는데 사용되는 최종 장식 코핑용을 가리키는 말로 20세기 중반부터 미국에서 일반적으로 사용되었다. 이는 교육 프로그램의 정점에 이르는 통합적 경험 역할를 하는데 특히 학부 학생의 성과와 취업 가능성에 관심이 집중되면서 각국에서 점차 통용되기 시작했다. 한국에서는 2010년 경에 공학계열에서 주로 이루어지던 캡스톤과정을 전 학문분야로 확대[1]하였다.

1) Han SH(2018). Development of Capstone design Instruction Model following International Standards: Focusing on University Engineering Students. Pusan National University Graduate Doctoral Thesis. http://uci.or.kr/I804:21016-000000133938

1.1 캡스톤디자인의 필요성

캡스톤 디자인 수업은 학문분야별 습득한 지식을 바탕으로 산업체에서 필요로 하는 제품에 대해 설계, 제작, 평가하는 전 과정에 학생들이 직접 참여함으로서 창의성과 실무능력, 팀워크, 발표능력, 리더로서의 역할수행 등 창의융합적 사고를 계발시키는 실천적 방법으로 활용되고 있다. 캡스톤 디자인 수업이 주로 팀워크를 중심으로 하는 PBL수업[2]과 유사하며, 일정 기간 동안 학습자가 자기주도적으로 스스로 질문을 만들어 내고 관련 지식을 찾고, 자신의 학습경험을 바탕으로 스스로 만들어 낸 질문에 대한 답을 찾아 그 결과를 구체적인 산출물의 형태로 만들어 내는 수업방식이다.

일반적인 교실수업(teacher-based learning method)이 교수자의 학문적 지식과 경험을 토대로 one way 방식으로 흐르기 쉬운 단점을 보완하여, 교수자는 큰 질문, 예를 들면 '남산타워를 보다 많은 사람에게 알리고 싶다.'는 명제를 던져 주고, 이 명제에 대한 다양한 토론을 이끌어 내고, 이끌어 내는 과정에서 학생 스스로 답을 찾아가는 과정을 경험하게 하고, 이 과정에서 팀워크, 리더십, 자기주도적 학습능력 등의 역량을 경험할 수 있도록 하는 방식이다.

캡스톤 디자인 수업을 디자인 하기 위해서는 교수자는 가르치는 역할에서 한 걸음 비켜있을 필요가 있다. 강의는 교수자의 지식과 경험을 전수(전달)하는 역할이 80%이지만, 캡스톤 디자인 수업에서는 교수자의 역할이 때로는 가이드로서의 역할, 매니저로서의 역할, 브릿지로서의 역할 등 그때 그때 다양한 모습으로 변신할 필요가 있다. 또한 캡스톤디자인의 장점은 학생들의 눈높이에 맞춰 다양한 어프로치가 가능해 진다. 전통적인 수업방식은 교수자가 정한 눈높이에 학습자들이 맞춰야 하는 단점이 있는 반면, 캡스톤 디자인 수업은 교수자가 학습자의 눈높이에 맞출 수 있고, 이를 통해 학습자의 역량을 한 단계 업그레이드 시킬 수 있는 학습방법이다.

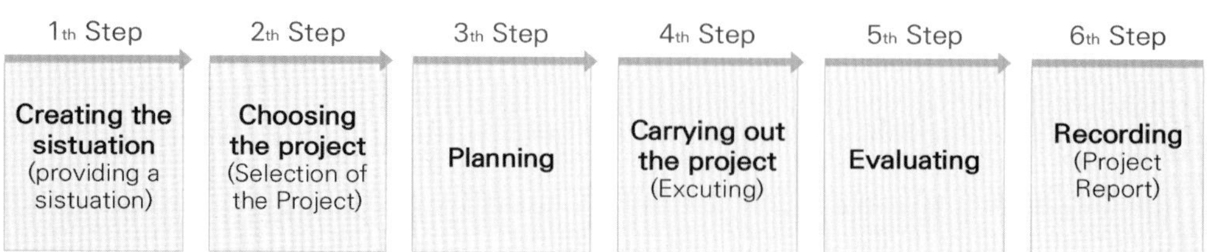

그림 1 | PBL Method Process

2) Project Based Learning,

교실에서 PBL수업을 적용할 때에는 아래와 같은 작업이 필요하다.

표 1 | 단계별 준비 작업

<table>
<tr><td rowspan="3">1
단
계</td><td rowspan="3">도입부</td><td>팀 빌딩
(Team Building)</td><td>- 팀 프로젝트이므로 함께 할 팀을 나누는 작업</td><td rowspan="3">【프로젝트 진행 기획안 만들기】
- 프로젝트 배경
- 프로젝트 문제 구체화
- 프로젝트 수행방법
- 프로젝트 인력구성
- 프로젝트 역할분담
- 프로젝트 기간 등 스케쥴 작성</td></tr>
<tr><td>주제 선정</td><td>- 일정기간 동안 연구를 진행할 주제를 찾는 작업</td></tr>
<tr><td>프로젝트 구체화</td><td>- 선정된 주제에 대한 연구진행을 위해 필요한 구체적인 방안을 구상하는 작업</td></tr>
<tr><td rowspan="3">2
단
계</td><td rowspan="3">PBL
전개M</td><td rowspan="3">프로젝트 진행
(동일 프로세스 반복)</td><td rowspan="3">- 도입부에서 선정된 팀별 주제에 따라 리서치
→팀별 토론→정리
→보고서 작성</td><td>【구성원의 구체적 역할분담 및 스케쥴 결정】
- 팀원의 피드백 반영
- 프로젝트의 진행과 완료 시점 결정(가변성)
- 프로젝트 완성을 위한 관련된 자원, 수행 방법 등 탐색 (선행연구조사, 현장조사, 관찰, 실험 등)
- 진행 과정에 대한 결과 공유 및 팀 목표 달성을 위한 지속적 점검과 구체화</td></tr>
<tr><td>【프로젝트 결과 초안 작성】
- 프로젝트 중간 결과물 작성
- 팀 별 피드백
- 최종 결과물에 대한 초안 도출</td></tr>
<tr><td>【프로젝트 결과 초안 수정】
- 팀원 간 피드백을 기반으로 원고 수정
- 팀 내 활발한 토론 유도 필요</td></tr>
<tr><td>3
단
계</td><td>마무리
작업</td><td>최종 산출물 도출
(보고서 혹은 PPT)</td><td>- 중간보고서 및 최종보고서 완성을 위한 수 차례의 피드백 진행</td><td>【최종 산출물 제출 및 발표】
- 평가 및 품평회
- 팀 간 결과물에 대한 토론회
- 전체 발표(PT)</td></tr>
</table>

PBL수업이 성공하기 위해서는 다음과 같은 조건이 필요하다.

첫째, critical thinking(비판적 사고), problem solving(문제 해결), collaboration(협업), communication(커뮤니케이션)

둘째, 질문과 창의성

셋째, 질문은 개방형 질문으로 구성(open-ended question)

넷째, 일정부분 학생 의견과 선택권 허용

다섯째, 정정과 반성의 과정

여섯째, 대중에 대한 정보공개 등이다.

1.2 캡스톤디자인의 정의

캡스톤 디자인은 학부 학생들이 학교에서 마지막 학기 또는 학업 프로그램이 종료되는 시점에서 작업하는 최종과제를 말한다. 그 과정에 다양한 지적 활동이 필요해 지고, 이 프로젝트를 통해서 학생들은 스스로 정보를 찾고, 분석하는 방법과 정보를 효율적으로 사용하는 방법을 배우게 된다. 캡스톤 디자인의 결과물은 멀티미디어 콘텐츠, 필름, 공연, 논문, 제품 등 다양한 형태로 나타날 수 있다. 이는 대학 논문 혹은 보고서의 형태와 유사하다.

캡스톤 프로젝트를 완성하기 위해서는 무엇보다 '사물에 대한 비판적 사고(critical thinking), 심층 분석(deep analysis), 다양한 미디어를 다룰 수 있는 능력(ability to use different media)이 소요된다.

캡스톤 디자인 수업을 진행하는 목적은 무엇일까?

캡스톤 프로젝트를 진행하는 과정에서, 학생은 직업, 사회문제 혹은 관심있는 다양한 주제를 픽업할 수 있다. 그렇게 선택한 주제(topic)에 대해 학생은 스스로 정보를 찾아보고, 분석하고, 그 결과를 바탕으로 포트폴리오나 프레젠테이션을 만든다. 이 과정은 학생이 스스로의 지식과 기술을 입증하는데 도움이 될 수 있고, 함께 작업한 팀원들과의 팀워크, 비판적 사고, 문제해결, 구두 의사소통 능력, 연구 능력 등의 역량이 발전하게 되고, 문제 및 아이디어를 분석하는 방법, 일부 작업에서는 인터뷰 혹은 과학적 관찰과 같은 학교 밖에서의 경험으로 이어지고, 이런 다양한 경험들이 사회진출 역량을 강화시켜주는 촉매제로 작용하게 된다.

초기의 캡스톤 디자인 수업은 주로 이공계 학생들의 전유물처럼 활용되었지만, 지금은 정치과학, 형사 사업, 생물학, 문학 등의 여러 분야에서 어프로치 되고 있다.

캡스톤 디자인 수업 진행은 다음과 같은 프레임워크를 중심으로 진행된다.

(1) 주제선택

주제는 교수자로부터 주어질 수도 있고, 학습자들에 의해 발제되어질 수도 있다. '좋은 주제'일수록 프로세스를 훨씬 쉽게 가져갈 수 있는 장점이 있다. 예를 들면, 조사할 수 있는 범위는 충분하면서 범위가 너무 좁지 않아야 작업에 대한 리소스를 찾을 수 있다.

(2) 선행연구 조사

주제가 선정된 다음에 해야 할 일은 선택한 주제와 관련있는 문헌검토를 진행하는 것이다. 처음에는 추가 작업처럼 보여서 일이 많아지는 것으로 보일 수 있지만, 선행연구 조사를 통해 프로젝트의 방향과 프로젝트 수행을 위한 로드맵이 만들어 지고, 프로젝트를 완성할 수 있는 강력한 토대와 개선할 수 있는 영역을 찾아낼 수 있다.

(3) 주제 연구

캡스톤 디자인 프로젝트는 대부분 마지막에 프레젠테이션이 있기 때문에 팩트를 찾는 것이 보다 창의적일 수 있다. 때로는 전문가와 인터뷰를 하기도 하고, 다양한 이벤트를 관찰하고, 보고된 기존 문헌을 고찰하고, 팀원과 함께 심도있는 토론을 통해 주제의 아웃라인을 목표에 부합하게 그려낼 수 있다.

(4) 결과 제시

결과 제시는 보고서와 함께 대중에게 프레젠테이션을 통해 전달하는 형식을 갖는 경우가 대부분이다. 캡스톤 디자인 프로젝트는 전 과정 하나 하나가 무두 사회에 진출해서 겪어야 하는 과정을 선행학습하는 것이라고 이해하면 된다. 프레젠테이션을 위해 질문에 대한 답변, 프레젠테이션에 필요한 에세이, 화면을 보다 매력적으로 보이게 하기 위한 그래픽 요소 등을 적절하게 배치할 필요가 있다. 마지막으로, 발표전에 거울이나 친구들 앞에서 리허설을 하는 것이 좋다. 발표가 잘 되는 부분을 기억해 두고,

발표가 매끄럽지 않은 부분이나 명확하지 않은 부분은 체크를 통해 수정 보완하면 보다 완벽한 프레젠테이션을 발휘할 수 있다.

캡스톤 디자인 프로젝트를 통해 완성된 페이퍼는 참가 학생이 진지한 연구작업에 참여할 수 있음을 입증하는 자료가 될 수 있고, 주제에 대한 조사방법을 이해한 것이다. 최종 프레젠테이션은 졸업 후 사회에서 활약하기 위해 필요한 기술을 익히게 된다. 이런 모든 과정이 결국은 스스로 문제를 찾아내고, 문제 해결을 위한 각종 활동과 동료와의 커뮤니케이션, 리더십, 대중 앞에서의 프레젠테이션 등 실생활에 적용할 수 있는 스킬을 장착하게 하는 학습과정이다.

1.3 캡스톤디자인 결과물 작성

일반적으로 캡스톤디자인 프로젝트는 중고등학생, 대학생, 대학원생에 따라 주제에 대한 성찰적, 분석적, 비판적 접근방식이 모두 평가의 대상이 되지만 그 수준은 달리하고 있다. 국가에 따라서는 1년이라는 장기 프로젝트로 진행되는 경우도 있지만, 한국의 현실은 한 학기 15주로 한정된 기간 내에 프로젝트를 진행해야 하므로 도입부에서의 프로젝트 설계가 매우 중요하다.

우선 인문사회학에서 주로 행해지는 캡스톤디자인수업의 결과물인 논문 혹은 보고서를 작성하기 위한 포맷(format)의 일례를 소개한다.

일반적으로 인문사회학계열의 프로젝트는 소논문 혹은 보고서의 형식으로 결과물을 작성하게 된다. 이를 위해서는 일반적으로 다음 순으로 기술한다.

① 주제 및 목차(Title or context)

② 개요(Introduction)

③ 선행연구(Review)

④ 연구방법(Methods of research)

⑤ 연구 결과 및 분석(The outcome of research and its analysis)

⑥ 결론(Conclusion)

⑦ 참고문헌(Citation of resources)

보고서 작성을 위한 포맷은 다음과 같다.

(1) 주제(Topic) 선택

캡스톤디자인 프로젝트 진행의 가장 중요한 핵심이 프로젝트 제목을 결정하는 것이다. 따라서 교수자는 학생들의 관심과 흥미에 따라 제목을 선택할 수도 있고, 교수자의 가이드를 통해 학생들의 수월성을 제고할 수도 있다.

레저관광산업 사례

- 언텍트시대의 관광활성화 방안은 어떤 것이 있을 수 있는가?
- 포스트 코로나시대에 해양레저관광을 활성화 시킬 수 있는 방안은 무엇인가?
- 언텍트, 뉴노멀시대의 축제 형태는 어떤 방향으로 발전시킬 수 있는가?

(2) 프로젝트 개요 작업

프로젝트의 주제와 아이디어를 결정하기 위해서 모든 학생이 작성해야 하는 작업이다. 주제와 아이디어는 반드시 학생 스스로 작성하도록 지도한다.

개요에 포함시킬 내용

- 본 프로젝트 주제를 선택하게 된 이유
- 본 주제로 진행할 주요 주제 및 목표
- 연구에 사용할 연구방법 및 리소스
- 프로젝트의 결론
- 팀 혹은 개인이 주제(motif)에 도달하기 위한 방법

※ 프로젝트는 너무 길어도 안되고, 정확한 프로젝트 배경과 아이디어를 설정하는 것이 키 포인트다.

(3) 컨텍스트 페이지

프로젝트 제목을 설정하는 페이지이다.

포함시킬 내용

- 프로젝트가 보고서 작성이라면, 제목, 소제목 등의 페이지 정보 제공
- 작품을 만드는 프로젝트라면, 작품에 대한 키워드 정보 제공

(4) 인트로덕션

캡스톤 프로젝트 주제에 대한 개요를 설명한다. 또한 프로젝트를 통해 무엇을 하고자 하는지, 주제의 다양한 측면에서 대한 설명을 기술하고, 과거 연구(선행연구)가 있다면 그에 대한 소개도 첨가한다.

작성요령

- 주제의 연구작업에 집중
- 주제에 대한 다른 사람들이 수행한 연구 검토 및 분석
- 주제에 대한 논쟁거리(arguments)와 몇 가지 목표를 설정
- 부분 부분에서 논쟁 할 수 있는 토대 준비
- 다른 사람의 선행연구를 인용하는 경우에는 반드시 "출처(색인작업)" 명기

(5) 문헌검토

프로젝트에 필요한 선행논문, 선행연구, 각종 보고서 등을 먼저 살펴보는 작업이다. 진행하고자 하는 프로젝트에 의미를 더하기 위한 작업이다.

이미 선행된 연구로 충분하다면 계획했던 프로젝트는 그 의미가 퇴색할 수 있으므로, 사전에 관련연구에 대한 충분한 문헌정보를 모으는 것이 중요하다.

주의 사항

- 논문은 저자의 개인적인 인식이므로 확고한 증명이 동반되어야 함
- 저자의 근거없는 인식을 바탕으로 작성되어서는 안됨
- 모든 연구 포인트에는 합당한 이유가 뒷받침 되어야 함(가치 인정)
- 프로젝트에 대한 객관적인 논거 마련 필수

(6) 연구방법론

프로젝트 주제를 달성하기 위해 사용할 연구 방법에 대해 기술한다.

연구유형

- 대부분의 연구작업은, 정성적 연구방법과 정량적 연구방법을 혼용해서 사용
- 프로젝트에 어느 한쪽만을 사용하고자 한다면 단일방법에 대해 언급
- 두 가지 방법을 동시에 사용하는 경우에도 방법을 언급
- 그 외에도 어떤 방법으로 수집한 것인지 수집한 연구 포인트에 대해 논문에 명확하게 기술

(7) 연구결과에 대한 비판적 분석

작성한 보고서나 논문의 연구결과에 대해서 비판적인 시각으로의 분석이 필요하다. 자신들의 결과물에 대해 비판적인 시각의 분석없이 만족하는 것은 프로젝트의 질을 떨어트릴 수 있다.

작성요령

- 프로젝트는, 논증과 연구작업 + 해당 연구결과에 대한 논의가 프로젝트에서 이루어져야 함
- 작업하고 있는 연구 포인트에 대한 의미와 비판적 견해가 프로젝트에 새로운 방향을 제시할 수 있음
- 연구 분석은 현장에 참여하기 위한 경험으로 매우 중요한 작업임
- 프로젝트 주제에 대한 비판을 위해서는 다른 여러 가지 분석 자료를 사용 가능

(8) 결론

프로젝트의 포인트에 적정한 연구결과물을 도출하는 작업이다.

작성요령

- 논문 프로젝트, 에세이 프로젝트 등 모든 작업의 결론은 프로젝트 끝에 제공
- 결론작성은, 전체 프로젝트에 대해 한 눈에 이해할 수 있도록 개요정리
- 프로젝트의 목표와 중요한 이슈에 대해 설명
- 프로젝트의 결론을 뒷받침 할 수 있는 주장(arguments)과 지지하는 논거를 인용할 수 있음

(9) 인용

어렵게 작업한 논문이나 보고서를 "표절"로 비난당하지 않기 위해서는 반드시 작업에 사용한 자원에 대해 출처와 인용에 대해 명확하게 적시 할 필요가 있다.

작성요령

- 대부분 연구 수행에서 다양한 서적, 기사, 온라인 웹페이지, 잡지 등에서 인용하는 경우가 많음
- 인용방법은 MLA스타일, APA스타일로 기술

MLA스타일

- 저자와 연도를 기준으로 표기
- 본문 내 인용은 기본적으로 (저자 페이지)의 형식, 참고문헌은 <저자-서명-출판년도> 순서로 적용
- 문서 마지막의 참고문헌 목록은 본문에 인용한 모든 문헌이며(Works cited), 본문 작성에 도움이 된 자료도 추가할 수 있음(Bibliography)

APA스타일

- 저자와 연도를 기준으로 표기
- 본문 내 인용은 기본적으로 (저자, 연도)의 형식이고, 참고문헌은 <저자-출판년도> 순서로 적용
- 참고한 출처는 본문과 참고문헌에 모두 제시해야 함
- 본문에 인용된 참고문헌은 반드시 참고문헌 목록에 제시되어야 하고(Works cited), 참고문헌과 본문 인용의 입력 내용이 일치해야 함

(10) 성과물 작업

성과물은 프로젝트 과정에 나온 결과물을 총정리하는 작업이다. 성과물의 성질이나 단위는 학기초에 사전에 공지한다.

작성요령

- 완성된 논문 혹은 보고서 형식으로 출판
- 대중에 대한 프레젠테이션

제2장

캡스톤디자인 해외사례

2.1 노쓰이스턴대학교 사례[3)]

(1) 소개

노스이스턴대학의 화학공학과(Dep. of Chemical Engineering)는 졸업 전에 모든 학생들에게 Process Design(CHME 4703)을 필수로 하고 있다. 이 과정을 통해 학부생들에게 귀중한 경험을 제공하는 캠퍼스에서 가장 도전적이고 흥미로우면서 성공적인 프로그램으로 정착해 있다. 이 과정에는 수 많은 동문, 교수진, 산업체, 연구기관, 기업가 정신 프로그램과 연관된 비즈니스 스쿨 및 내외부의 많은 자원이 참여한다.

이 과정의 주요 목표는 화학공학의 핵심과 중급 및 고급과정의 지식을 통합해서 다양한 분야의 경험을 제공하는 것이다. 따라서 캡스톤 디자인 과정은 화학공학과 전체 커리큘럼의 정점에 위치한다. 이 과정은 학생들이 하나 이상의 해결책을 가진 개방형 문제에 대해 만족스러운 해결책을 찾는 경험을 학생들에게 제공하고자 함이다. 디자인 프로젝트는 학생들이 선택한 엔지니어링 팀에서 수행하고, 각 팀이 참여하는 프로젝트는 그룹 성공의 프레임 내에서 계획, 작업 분할 및 개별 책임에 대한 귀중한 경험을 제공한다.

그림 2 | 캡스톤디자인 발표모양

(2) 프로젝트 사례

사례로는, 지속가능성, 대체에너지, 탄소기반 에너지, 유연한 전자장치, 나노재료 합성, 생체재료, 제약개발 밍 학생들이 스스로 개발할 수 있는 많은 프로젝트가 포함된다. 학생들은 다른 많은 항목 가운데 제조 프로세스, 프로세스 제어, 안전, 윤리 및 사업계획을

3) https://che.northeastern.edu/academics/undergraduate-studies/che-capstone

설계 프로젝트에 통합시켜야 한다. 노스이스턴대학의 화학공학과는 프로젝트의 엄격함을 통해 전국 디자인 대회에서 우승한 자랑스런 역사를 가지고 있다.

(3) 2019년에 실시한 프로젝트 사례

순	프로젝트명
1	화성의 장기 에너지 저장을 위한 아연-브롬 플로우 셀 배터리의 설계 및 최적화 (Design and Optimization of a Zinc-Bromine Flow Cell Battery for Long-Term Energy Storage on Mars)
2	감자 껍질 폐기물 폴리락트산 수지 (Polylactic Acid Resin from Potato Peel Waste)
3	미세플라스틱 제거를 강조한 음용수 처리시설의 설계 및 해석 (Design and Analysis of Drinking Water Treatment Facility with Emphasis on Microplastic Removal)
4	탄소 포집을 위한 금속 유기 프레임워크(MOF)의 지속적인 제조 (Continuous Manufacturing of Metal Organic Frameworks (MOFs) for Carbon Capture)
5	토양 침식에 대한 폴리아크릴아미드의 입자 결합 효과의 생물학적 유사체 (Biological Analog of Polyacrylamide's Particle-Binding Effect on Soil Erosion)
6	홈브루어들이 좋은 맥주를 양조하도록 돕기 (Helping Homebrewers Brew Good Beer)
7	기름 유출 정화를 위한 자성유체 (Ferrofluid for Oil Spill Cleanup)
8	광생물 반응기를 사용하여 변형된 시아노박테리아로부터 바이오에탄올 생산을 위한 연속 공정 (Continuous Process for Production of Bioethanol from Modified Cyanobacteria Using a Photobioreactor)
9	감전 하이드로겔 속건성 도료 (Electrosensitive Hydrogel Quick Drying Paint)
10	광분해성 저밀도 폴리에틸렌의 대량 생산 (Large-Scale Production of Photodegradable Low-Density Polyethylene)
11	혈관 내 의료 기기용 혈전 방지 코팅의 공정 설계 및 개발 (Process Design and Development of a Thromboresistant Coating for Intravascular Medical Devices)
12	커피 실버스킨에서 추출한 플렉스 연료용 이소부탄올-에탄올 혼합물의 바이오프로세싱 (Bioprocessing of Isobutanol-Ethanol Blends for Flex Fuels from Coffee Silverskins)

순	프로젝트명
13	후발효가공을 통한 무알코올 수제맥주 생산 (Production of Non-Alcoholic Craft Beer via Post-Fermentation Processing)
14	표적 자성 나노 입자 전달 시스템 (Targeted Magnetic Nanoparticle Delivery System)
15	합성 당화와 결합된 미생물 배양을 통한 rhEPO 생산 (rhEPO Production via Microbial Culture Coupled with Synthetic Glycosylation)
16	혼합 미생물 컨소시엄을 통한 글리세롤 유래 폴리하이드록시알카노에이트 바이오플라스틱 생산 (Production of Glycerol-Derived Polyhydroxyalkanoate Bioplastic via Mixed Microbial Consortia)
17	식물체 치료제(Plantibody Therapeutics)
18	현재 플라스틱에 대한 생분해성 대안으로 사용하기 위한 폴리(부틸렌 숙시네이트) 생산 (Production of Poly(butylene Succinate) for use as a Biodegradable Alternative to Current Plastics)
19	NGCC 발전소를 위한 칼슘 루핑을 통한 탄소 포집 (Carbon Capture via Calcium Looping for NGCC Power Plants)
20	재활용 가능한 모노머를 위한 폴리카보네이트 열분해 (Polycarbonate Pyrolysis for Recyclable Monomer)
21	전압에 대한 체적 연료 흐름 효과에 대한 메탄올 연료 전지 표면적 막 접촉 (Methanol Fuel Cell Surface Area Membrane Contact to Volumetric Fuel Flow Effect on Voltage)
22	혐기성 동시 소화를 사용한 사슴 섬 처리 시설의 메탄 생산 증가 (Increasing Methane Production at the Deer Island Treatment Facility Using Anaerobic Co-Digestion)
23	에너지 저장을 위한 브롬화수소 배터리의 규모 확대 (Scale Up of Hydrogen Bromine Batteries for Energy Storage)
24	입원 전 출혈성 쇼크 치료를 위한 AV-DRP 추출 과정 확대 (Scaleup of AV-DRP Extraction Process for Treatment of Hemorrhagic Shock in PreHospitalization Period)
25	배기 가스 탄소 포집 및 요소 전환 (Exhaust Gas Carbon Capture and Urea Conversion)
26	가속화된 위스키 숙성 (Accelerated Whiskey Aging)

Design and Analysis of Drinking Water Treatment Facility with Emphasis on Microplastic Removal[4]

Exhaust Gas Carbon Capture and Urea Conversion[5]

그림 3 | 프로젝트 발표사례1

2.2 워털루대학교 사례

(1) 소개

워털루대학의 Waterloo Engineering학과 캡스톤 디자인[6]은 공학 설계 혁신을 위한 청사진을 만드는 학부생이 경험할 수 있는 정점에 있다. 수 많은 상을 수상한 워털루 엔지니어링의 캡스톤 디자인은 학생들에게 자신이 선택한 분야와 관련된 프로젝트를 개념화 하고 설계할 수 있는 독특한 기회를 제공한다.

학위 수료 요건이기도 한 캡스톤 디자인은 학생이 팀을 이뤄 자신의 경계를 넓히고, 교실 및 협동 작업 조건에서 배운 지식과 기술을 적용하도록 요구한다. 그리고 팀워크, 프로젝트 관리, 연구 및 개발의 개념을 강화한다.

The Next Generation Biosensor-Nanotechnology Engineering

그림 4 | 프로젝트 발표사례2

4) https://www.youtube.com/watch?v=5vrrvf09jxo
5) https://www.youtube.com/watch?v=lKxB5yZiEBE
6) https://uwaterloo.ca/capstone-design

(2) 2020년 프로젝트 사례(Management Engineering)[7)]

• **ALUMNI MANAGEMENT SYSTEM FOR THE MANAGEMENT SCIENCES DEPARTMENT**

Alumni Management System (AMS) is a tailor-made customer relationship management tool geared towards continuing the relationship between alumni and the Management Sciences department after graduates leave Waterloo. AMS provides detailed statistics via an intuitive PowerBI dashboard on post-graduation endeavours that our alumni embark on, such as graduate studies, industries, companies, and start-up ventures. It also provides an avenue for our department to provide news and updates to our alumni with customized mailing lists. AMS contains the past, present, and future information of our unique program.

AMS(Alumni Management System)는 졸업생이 워털루를 떠난 후에도 동문과 경영 과학 부서 간의 관계를 지속하기 위한 맞춤형 고객 관계 관리 도구이다. AMS는 대학원 연구, 산업, 기업 및 창업 벤처와 같이 졸업생이 시작하는 졸업 후 노력에 대한 직관적인 PowerBI 대시보드를 통해 자세한 통계를 제공한다. 그것은 또한 우리 부서가 맞춤형 메일링 리스트를 통해 동문들에게 뉴스와 업데이트를 제공할 수 있는 길을 제공하기도 한다. AMS는 우리 고유의 프로그램의 과거, 현재, 미래 정보를 담고 있다.

Team members Yash Bhamare, Brandon How Tein Fat, Monish Bhambhani and Ashar Kandathil

• **EMRE: A MEDICAL RECORDS SYSTEM FOR IRAQI DISPLACEMENT CAMPS**

Emre is an electronic medical records system built to support medical professionals in providing high-quality health care to residents in Iraqi displacement camps. Emre specifically targets the needs of Physician Assistants and Doctors with respect to storing accurate patient data and capturing the state of a patient over time. Emre also provides support in both English and Arabic languages.

Emre는 의료 전문가가 이라크 난민 수용소에 거주하는 주민들에게 고품질 의료 서비스를 제공할 수 있도록 지원하기 위해 구축된 전자 의료 기록 시스템이다. Emre는 정확한 환자 데이터를 저장하고 시간 경과에 따른 환자의 상태를 캡처하는 것과 관련하여 의사 보조 및 의사의 요구 사항을 구체적인 대상으로 삼는다. Emre는 또한 영어와 아랍어 모두를 지원한다.

Team members Jonathan Dhanapala, Victoria Li and Danial Betres

7) https://uwaterloo.ca/capstone-design/2020-projects

• TRAVVELI: IT'S NOT THE DESTINATION, IT'S THE JOURNEY

Have you ever felt that you spend way too much time trying to figure out your next holiday destination? On average each traveller searches over 32 sites before finalizing their next travel destination. Travveli is an application that is here to serve as a personalized travel discovery solution where you can build your dream trip based on your interests, behaviors and activity patterns. Travveli also provides airlines companies the ability to pre-emptively gather insightful data about potential customers to improve their digital targeting efforts.

당신은 다음 휴가 목적지를 찾는데 너무 많은 시간을 할애한다고 느낀 적이 있나? 평균적으로 각 여행자는 다음 여행지를 결정하기 전에 32개 이상의 사이트를 검색한다. Travveli는 당신의 관심사, 행동 및 활동 패턴을 기반으로 꿈의 여행을 구축할 수 있는 개인화된 여행 발견 솔루션 역할을 하는 애플리케이션이다. Travveli는 또한 항공사가 디지털 타겟팅 노력을 개선하기 위해 잠재 고객에 대한 통찰력 있는 데이터를 선제적으로 수집할 수 있는 기능을 제공한다.

Team members Elsie Eskandar, Noah Bezaire, Rishabh Bahri, Michael Bottone

• CLIMACTIC: HIGHLIGHT GENERATION FOR LONG FORMAT ENTERTAINMENT

Being a fan of a sport is not easy, often not having the time to watch a full game, let alone all the other games that happen in a league or tournament. As more consumers rely on highlighted versions of long format entertainment like sports, content owners are pressured to create more time efficient videos to continually engage their viewers. Climactic is a proof of concept tool that reduces full length videos into highlight compilations, specifically focusing on sports and e-sports with commentary.

스포츠의 팬이 되는 것은 쉬운 일이 아니다. 종종 리그나 토너먼트에서 일어나는 다른 모든 경기는 고사하고 전체 경기를 볼 시간조차 없다. 더 많은 소비자가 스포츠와 같은 장편 형식 엔터테인먼트의 하이라이트 버전에 의존함에 따라 콘텐츠 소유자는 지속적으로 시청자의 참여를 유도하기 위해 보다 시간 효율적인 비디오를 제작해야 한다는 압력을 받고 있다. Climactic은 전체 길이의 비디오를 하이라이트 편집으로 줄이는 개념 증명 도구로, 특히 해설이 있는 스포츠 및 e-스포츠에 중점을 둔다.

Team members Matthieu Court, Tyler Lam, Kevin Lee and Eldrick Wega

• SLEEP WELL: AN INTERACTIVE MOBILE APPLICATION TO SUPPORT CANCER PATIENTS

Having quality sleep is an important factor to the success of a patient's cancer treatment. de Souza Institute provides continuing education in oncology and palliative care for health professionals and patients. The institute wants to both enhance sleep quality for cancer patients and reduce workload for current volunteering sleep therapists, but does not have the necessary resources. Sleep Well is an interactive mobile application that not only tracks a user's sleep schedule but also offers sleep enhancement suggestions tailored specifically to each patient's sleep pattern.

양질의 수면은 환자의 암 치료 성공에 중요한 요소다. de Souza Institute는 의료 전문가와 환자를 위한 종양학 및 완화 치료에 대한 지속적인 교육을 제공한다. 연구소는 암 환자의 수면의 질을 향상시키고 현재 자원 봉사 수면 치료사의 업무량을 줄이기를 원하지만 필요한 자원이 부족하다. Sleep Well은 사용자의 수면 일정을 추적할 뿐만 아니라 각 환자의 수면 패턴에 특별히 맞춘 수면 개선 제안을 제공하는 대화형 모바일 애플리케이션이다.

Team members Rui Zhang, Amanee Syed Abid Hussain, Hillary Masha, Haibei Wang

• TECHBOOMERS: TEACHING THE ELDERLY TO USE SOCIAL MEDIA

The largest problems among the elderly are loneliness and social isolation. TechBoomers is a mobile application geared towards helping the average, non-technical elder learn the basics of modern technology. Social media has become a critical form of modern communication, but without instructional visuals and opportunities for hands-on learning, older adults are falling behind. TechBoomers focuses on active teaching, providing users with an extensive library of interactive walkthroughs regarding how to use popular social media applications, while maintaining a simple interface, free of passive reading.

노인들의 가장 큰 문제는 외로움과 사회적 고립이다. TechBoomers는 기술이 없는 평범한 노인들이 현대 기술의 기초를 배울 수 있도록 돕는 모바일 애플리케이션이다. 소셜 미디어는 현대 커뮤니케이션의 중요한 형태가 되었지만 교육용 영상과 실습 학습 기회가 없으면 노인들은 뒤처지고 만다. TechBoomers는 수동적인 읽기가 없는 간단한 인터페이스를 유지하면서 인기 있는 소셜 미디어 응용 프로그램을 사용하는 방법에 관한 광범위한 대화형 연습 라이브러리를 사용자에게 제공하는 적극적인 교육에 중점을 둔다.

Team members Campbell Macrae, Aneesh Kumar, Ilija Stanic and Akash Malhotra

• **KENYAN DAIRY COOPERATIVE MILK DATA MANAGEMENT SYSTEM**

Kenyan Kids Foundation Canada (KKFC) supports an initiative called Co-operative Dairy Development Project. The purpose of this Capstone project is to work with KKFC to help improve the dairy practices of farmers in the Cherangany region, where information for collected milk is currently recorded manually. Our solution is to provide a mobile application that allows milk transporters and receivers to record milk quantities and other relevant information. The solution aims to improve efficiency, increase traceability of spoiled milk, and reduce fraud.

케냐 어린이 재단 Canada(KKFC)는 협동 낙농 개발 프로젝트라는 이니셔티브를 지원한다. 이 캡스톤 프로젝트의 목적은 현재 수집된 우유에 대한 정보가 수동으로 기록되는 Cherangany 지역 농부들의 낙농 관행을 개선하기 위해 KKFC와 협력하는 것이다. 우리의 솔루션은 우유 운송업자와 수취인이 우유 수량 및 기타 관련 정보를 기록할 수 있도록 하는 모바일 애플리케이션을 제공하는 것이다. 이 솔루션은 효율성을 개선하고 상한 우유의 추적 가능성을 높이며 사기를 줄이는 것을 목표로 하고 있다.

Team members Malvika Balaraj, Ahmad Dakhqan, Celeste Cassel De Camps and Priyanka Brodie

• **PROCESS IMPROVEMENT FOR THE NOT JUST TOURISTS ORGANIZATION**

Not Just Tourists (NJT) is an organization founded with the purpose of getting medical supplies to those who can't afford them worldwide. NJT receives donations from Canada's largest hospitals, clinics, medical suppliers, and individuals. Solely through volunteer work, NJT packs medical supplies into suitcases and people who are travelling can sign-up to deliver them to remote clinics in the area. Our team aimed to improve existing features on their website to reduce cost and improve the workflow of volunteers.

NJT(Not Just Tourists)는 전 세계적으로 의료 물품을 구할 수 없는 사람들에게 의료 용품을 제공하기 위해 설립된 단체이다. NJT는 캐나다 최대의 병원, 진료소, 의료 공급업체 및 개인으로부터 기부금을 받고 있다. NJT는 오로지 자원 봉사를 통해 의료 용품을 여행 가방에 포장하고 여행하는 사람들은 가입하여 해당 지역의 원격 진료소에 전달할 수 있다. 우리 팀은 비용을 줄이고 자원 봉사자의 워크플로를 개선하기 위해 웹 사이트의 기존 기능을 개선하는 것을 목표로 했다.

Team members Kanyapha Kittananthawongs, Michelle Cheng, Satwant Singh and Celine Yau

- **SMART SCHEDULING TOOL: IMPROVEMENT OF ELEMENTARY SCHOOL TIMETABLES**

Elementary school principals need to generate a full school schedule. Principals are challenged to build a schedule that meets the constraints of the Ministry of Education while satisfying teacher availability. This process can take up to 5 days. We developed a system that produces higher quality schedules for teachers and students, while reducing the overall process time. Using mixed-integer optimization techniques, our system considers several constraints to develop an optimal solution tailored to each principals' objectives generated in orders of magnitude faster than manual effort.

초등학교 교장은 전체 학교 일정을 생성해야 한다. 교장은 교사 가용성을 충족시키면서 교육부의 제약을 충족하는 일정을 짜야 한다. 이 과정은 최대 5일이 소요될 수 있다. 우리는 전체 프로세스 시간을 줄이는 동시에 교사와 학생을 위해 더 높은 품질의 일정을 생성하는 시스템을 개발한다. mixed-integer optimization techniques을 사용하여 우리 시스템은 수동 노력보다 훨씬 빠르게 생성된 각 주체의 목표에 맞는 최적의 솔루션을 개발하기 위해 몇 가지 제약 조건을 고려한다.

Team members Meghan Stronach, Alyssa Hopkins, Allison Jacobs and Sarah McCurdy

- **IMPROVING CLEAN WATER ACCESSIBILITY IN KENYA**

In the Trans Nzoia county of Kenya, residents struggle to obtain access to clean drinking water. Their only current source of clean water is through one well, which is a prohibitively far commute for many residents. Our aim is to provide easier access to safe drinking water by optimizing the location of water access points for the entire region, while also considering costs and water demand. This water system will impact hundreds of people in need, making a significant difference within the Trans Nzoia community.

케냐의 Trans Nzoia 카운티에서는 주민들이 깨끗한 식수를 얻기 위해 고군분투하고 있다. 현재 그들의 유일한 깨끗한 물 공급원은 많은 주민들에게 엄청나게 먼 통근 거리인 하나의 우물을 통해서 이루어진다. 우리의 목표는 비용과 물 수요를 고려하면서 전체 지역에 대한 물 접근 지점의 위치를 최적화하여 안전한 식수에 더 쉽게 접근할 수 있도록 하는 것이다. 이 물 시스템은 도움이 필요한 수백명의 사람들에게 영향을 미치고 Trans Nzoia 커뮤니티 내에서 상당한 차이를 만들 것이다.

Team members Soorya Goel, Ishani Adityan, Anojan Logeswaran and Yousuf Mustafa

그림 5 | 프로젝트 발표사례3

2.3 뉴욕대학교 사례

뉴욕대학교(New York University)의 도시과학 및 발전센터(Center for Urban Science and Progress)에서는 연구소이자 대학원으로서 2014년부터 교육·연구에 캡스톤 디자인을 적극적으로 활용하고 있다.[8] 개별 프로젝트는 대략 6개월 동안 진행되며, 교수의 지도아래 학생들이 중요한 도시 문제에 대한 현장 연구를 진행한다.

뉴욕대학교 도시과학 및 발전센터는 캡스톤 디자인 프로젝트를 경험적 학습의 초점으로 활용하고 있다. 대략 4~5명이 대학원생으로 구성된 대학원들은 문제 탐지, 데이터 수집, 데이터 분석 및 시각화 기술 적용을 통해 이론적 지식을 현실에 적용하고 있다. 캡스톤 디자인을 통한 결과물에는 도시 데이터 분석 보고서, 대화형 응용 프로그램을 포함한 데이터 시각화, 연구 웹 사이트, 연구 간행물 및 규범적 정책 솔루션 등이 포함된다.

8) https://cusp.nyu.edu/2019-capstones/

(1) 2019 프로젝트 사례

예측 핫스팟 정책의 정확성과 공평성	최근의 여러 연구들은 범죄 예방을 위한 사전 예방 적 치안 전략의 효과를 입증한 바 있다. 이는 폭력 범죄의 새로운 지리적 핫스팟을 예측함으로써, 경찰력 투입을 보다 효율적으로 시도한다. 그러나 일반적으로 시스템의 설계 및 운용에서 공정성 및 형평성과 같은 도덕적 및 윤리적 문제를 야기되기도 한다. 특히 이로 인해 발생하는 인종적 차별 문제들은 뜨거운 사회적 논란을 야기하기도 한다. 학생들은 핫스팟 시스템의 형평성을 측정하는 기계 학습 방법을 개발·평가한다. 이어서 정확성과 형평성 간의 균형을 분석한다. 또한 대상 인구의 인종 분포를 기반으로 모델의 성능을 확인한다.

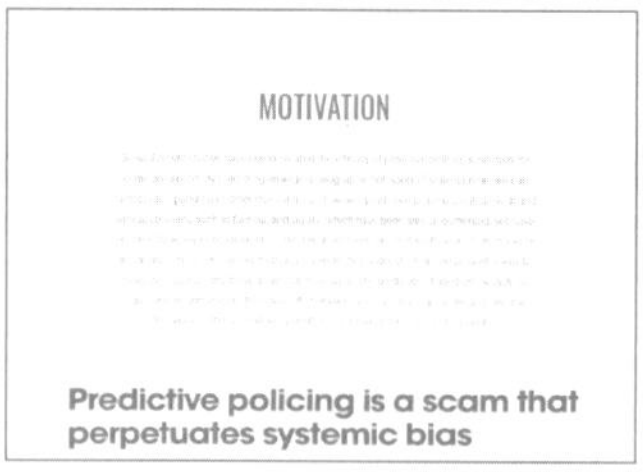

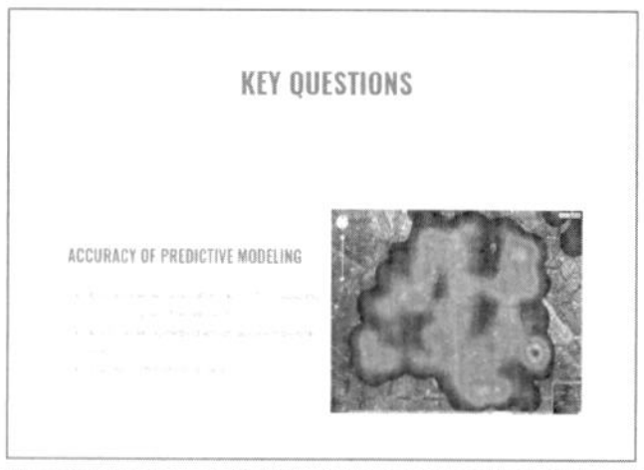

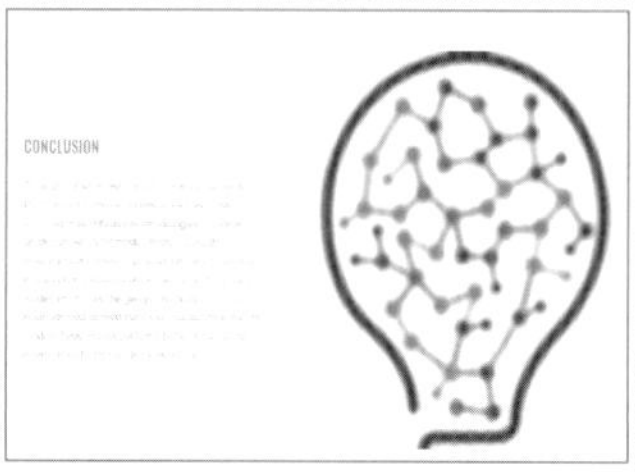

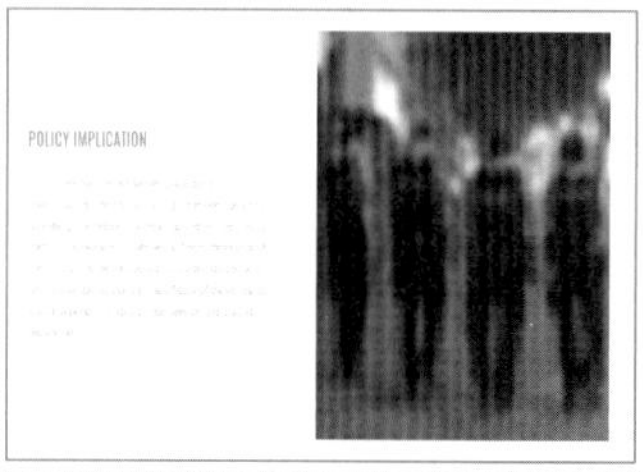

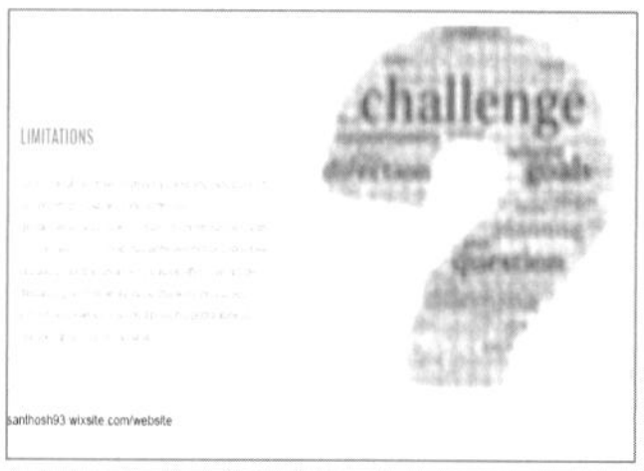

(2) 소개

뉴욕대학 로버트 와그너 공공정책대학원[9]에서는 1995년부터 캡스톤 수업을 시작했다. 캡스톤 수업을 시작한 배경에는, 당시 와그너스쿨 전공이 ‘도시계획’, ‘건강·복지’, ‘정책’으로 나누어져 있었는데, 모두가 실천적인 교육내용이 중심이었다. 각 전공에서는 수료 조건으로서 실천적인 프로그램 참가를 모색하고 있었는데, 주변에 있던 콜롬비아대학의 SIPA(School of International Public Affairs)등과 캡스톤 수료 발표회를 합동으로 열고 있다. 이후 와그너스쿨은 매년 70여건의 캡스톤 프로그램이 진행되기 때문에 Capstone Expo형태로 진행하고 있다.

9) https://wagner.nyu.edu/news/story/nyu-wagner-capstone-team-works

(3) 프로젝트 사례

NYU Wagner Capstone Team은 졸업생과 협력하여 니카라과 커피밭의 교육 개선에 앞장섰다. 니카라과의 외딴 커피농장에서 자라는 학령기 어린이들에게는 교육기회가 거의 없다. 이 외딴 시골 지역의 빈곤과 학교 접근성 부족으로 인해 약 50만 명의 어린이가 학교에 다닐 기회를 얻지 못했다. 그 결과 약 32만 명의 어린이가 가족을 부양하기 위해 불법적인 아동 노동으로 시달리고 있다.

NYU Wagner 졸업생인 Kristin Van Busum(MPA-PNP 2010)은 농촌 커피 커뮤니티에서 아동 노동 위험에 처한 어린이에게 삶을 변화시키는 교육을 제공하기 위해 Project Alianza를 설립했다. 영어로 'Alianza'는 'Alliance'를 의미하며 이 조직의 핵심 사명이기도 하다. 전담 Project Alianza팀은 부동산 농장과 협력하여 새 핵교를 짓거나 기존 인프라를 개선하여 학생들이 학교에 머물도록 장려하고, 가족과 함께 커피밭에서 노동에 종사하는 것을 방지하기 위해 안전하고 양질의 초등학교를 만들기 위해 중요한 자원을 수집한다.

그림 6 | 프로젝트 발표사례4

금번 Project Alianza는 NYU Wagner Capstone Team에 참여하여 프로그램을 계속하는 동시에 그 범위를 확장하는 방법을 찾아냈다. Julia Einhorn, Mery Arcila, Carlos Sosa Lombardo로 구성된 팀은 공공서비스 부교수인 Kathleen Apltauer의 지도를 받으면서 논리모델, 평가도구 키트 및 전략적 프로그램 권장사항을 만들기 위해 Project Alianza와 함께 6개월을 지냈다. 2018년 1월,

팀은 조직의 요구사항을 보다 더 잘 이해하기 위해 니카라과를 2주 동안 현장 인터뷰와 관찰을 수행했다.

Van Busum은 '글로벌 교육표준을 개선하고 긍정적인 사회변화에 영향을 미치는 지적 도전을 즐기는 동료들로부터 배우는 것이 동기부여에 매우 고무적이며, Mery, Carlos, Julia와 협력하여 Project Alianza에서 우리의 사명을 더 잘 수행할 수 있는 영향력 중심 프로그램 및 평가도구를 만드는 것에 대해 조언하면서 Wagner와 다시 연결되는 좋은 기회였다.'고 말했다.

NYU Wagner 졸업생으로서의 Van Busum의 기술과 지식과 국제적인 비영리기구 창립자로서의 그녀의 작업은 팀의 연구와 경험을 완벽하게 보완해 주었다.

Arcila는 그녀의 Capstone 경험이 고객측에게 '흥미롭고, 신선하며 매우 실용적'이라며 'Wagner에서의 저의 경험은 우리 교육의 가치와 네트워크의 강점을 입증하면서 완전한 순환을 이루었다.'고 했다. Kristin은 이 경험이 'Wagner 커뮤니티가 지금까지 나의 직업적, 개인적 성장에 중요하게 남아 있음을 확인했고, 졸업 후에도 Wagner 경험의 상호 연결성의 중요성을 강조'했다.

(4) 2018-2019년에 실시한 프로젝트 사례(INEQUALITY, RACE AND POVERTY)[10)]

- **"Brooklyn Made" Certification Program**

The Brooklyn Chamber of Commerce (BCC) drives economic development throughout the borough and provides unique resources and networking opportunities for its member businesses. The BCC observed that several firms were branding themselves as "Brooklyn" businesses despite the fact that little to no production of these products occurred within the borough. The Capstone team was commissioned to develop an official certification program that producers could use to promote themselves as authentic, Brooklyn manufacturers. The team conducted in-depth qualitative interviews and surveyed businesses to better understand their sourcing, manufacturing, assembling, and marketing processes. The team then developed a

10) https://wagner.nyu.edu/education/capstone/search

points-based system to verify these elements, along with recommendations outlining steps in program implementation. Combined with research from similar programs across the country, the team produced the first in-depth, quantitative approach to urban manufacturing certification programs.

브루클린 상공회의소(BCC)는 자치구 전체의 경제 발전을 주도하고 회원 비즈니스를 위한 고유한 리소스와 네트워킹 기회를 제공한다. BCC는 자치구 내에서 이러한 제품의 생산이 거의 또는 전혀 발생하지 않았음에도 불구하고 여러 회사가 스스로를 "Brooklyn" 비즈니스로 브랜드화하고 있음을 관찰했다. Capstone 팀은 생산자들이 진정한 브루클린 제조업체임을 홍보하는 데 사용할 수 있는 공식 인증 프로그램을 개발하도록 위임받았다. 팀은 소싱, 제조, 조립 및 마케팅 프로세스를 더 잘 이해하기 위해 심층적인 질적 인터뷰를 수행하고 기업을 조사했다. 그런 다음 팀은 프로그램 구현 단계를 간략하게 설명하는 권장 사항과 함께 이러한 요소를 확인하기 위한 포인트 기반 시스템을 개발했다. 팀은 전국의 유사한 프로그램의 연구와 결합하여 도시 제조 인증 프로그램에 대한 심층적이고 정량적인 첫 번째 접근 방식을 만들었다.

Infomation **Client** : Brooklyn Chamber of Commerce
Faculty : Barbara Turk
Team : Scilla Albanese, Emmett Mehan, Jaleesa Murrell, Yusuf Siddiquee, Patrick Yacco

• **Evaluating the Impact of the Blueprint for Teaching and Learning in the Arts, preK-12**

The mission of the Department of Education's Office of Arts and Special Projects (OASP) is to provide New York City public school communities with information and resources that will enable every student to achieve a full education in the arts. In 2004, the OASP introduced the "Blueprint for Teaching and Learning in the Arts, preK-12", the first comprehensive, multi-dimensional framework for arts education for use throughout the NYC school system. To measure the impact of the Blueprint on teachers' classroom practice, the OASP requested a Capstone team to do an evaluation. The evaluation includ-ed an online survey to arts teachers, an analysis of survey results, focus groups to identify best practices, and interviews with arts teachers who had less experience using the Blueprint. The evaluation's find-ings provided data and analysis of the Blueprint's impact on teacher practice as well as information to support future OASP initiatives.

교육부 예술 및 특수 프로젝트 담당실(OASP)의 사명은 뉴욕시 공립학교 커뮤니티에 모든 학생이 예술 분야에서 완전한 교육을 받을 수 있도록 하는 정보와 자원을 제공하는 것이다. 2004년에 OASP는 NYC 학교 시스템 전반에 걸쳐 사용할 예술 교육을 위한 포괄적이고 다차원적인 프레임워크인 "예술 교육 및 학습을 위한 청사진, preK12"를 도입했다. 교사의 교실 실습에 대한 청사진의 영향을 측정하기 위해 OASP는 Capstone 팀에 평가를 요청했다. 평가에는 예술 교사에 대한 온라인 설문 조사, 설문 조사 결과 분석, 모범 사례를 식별하기 위한 포커스 그룹, Blueprint 사용 경험이 적은 예술 교사와의 인터뷰가 포함되었다. 평가 결과는 미래의 OASP 이니셔티브를 지원하기 위한 정보뿐만 아니라 교사 실습에 대한 청사진의 영향에 대한 데이터 및 분석을 제공했다.

Infomation **Client** : The Office of Arts and Special Projects at the New York City Department of Education
Faculty : Rona Affoumado
Team : Darren Flusche, Amanda Kahn, Elizabeth Langsdorf, Monica Martinez, Jennifer Pick

• Growing Community Assets in Gulfport, Mississippi

Hurricane Katrina devastated whole communities along the Gulf Coast. The storm was particularly damaging to traditionally marginalized neighborhoods in Gulfport, MS, that have long struggled to capitalize upon their assets. The Mississippi Center for Justice, a public interest law firm, advocates on behalf of these neighborhoods in the post-Katrina planning and redevelopment process. Soria City and The Quarters, two predominantly African-American neighborhoods with rich historical legacies, are especially in need of community planning resources. The Capstone team conducted a comprehensive lot-by-lot parcel inventory survey (804 total property lots) of these areas, identifying land uses, physical structure, architectural style, and historical narratives. The team converted this data into a web-based geocoded database capable of GIS manipulation. Relying upon this database, the team delivered a best practices community development guidebook for both communities, tailoring an array of private and public programs to meet local needs. The Capstone team identified eight topic areas for community development: housing preservation and rehabilitation; infrastructure; youth work-force development; organizational capacity; small business incubation; cultural tourism; greenway development; and logistical solutions.

허리케인 카트리나는 걸프만 연안의 전체 지역 사회를 황폐화시켰다. 폭풍은 특히 오랫동안 자산을 활용하기 위해 고군분투해 온 MS 걸프포트의 전통적으로 소외된 지역에 피해를 입혔다. 공익 로펌인 미시시피 정의 센터(Mississippi Center for Justice)는 카트리나 이후의 계획 및 재개발 과정에서 이 지역을 대표하여 지원한다. 풍부한 역사적 유산을 지닌 아프리카계 미국인이 우세한 두 지역인 Soria City와 The Quarters는 특히 지역사회 계획 자원이 필요하다. Capstone 팀은 토지 용도, 물리적 구조, 건축 양식 및 역사적 서술을 식별하여 이 지역에 대한 포괄적인 부지별 필지 목록 조사(총 804개 부지)를 수행했다. 팀은 이 데이터를 GIS 조작이 가능한 웹 기반 지오코딩된 데이터베이스로 변환했다. 이 데이터베이스에 의존하여 팀은 지역 요구를 충족시키기 위해 일련의 민간 및 공공 프로그램을 조정하여 두 지역 사회 모두를 위한 모범 사례 지역 사회 개발 가이드북을 제공했다. Capstone 팀은 지역사회 개발을 위한 주택 보존 및 재활, 하부 구조, 청소년 노동력 개발, 조직 능력, 소규모 비즈니스 인큐베이션, 문화관광, 그린웨이 개발 및 물류 솔루션 등 8가지 주제 영역을 식별했다.

Infomation
Client : Mississippi Center for Justice
Faculty : Rae Zimmerman and Kei Hayashi
Team : Molly Brantz, Tara Duvivier, Emre Edev, Peter James Kralovec, John Thomas Saunders

• "Our World" Global Youth Questionnaire

The purpose of the Our World capstone project is to assist Education Development Center, Inc. (EDC) and its partners in obtaining global youth perspectives on citizenship, identity, and world peace by coordinating the administration of a global questionnaire and analysis of the results. Utilizing a questionnaire developed by the client and its partners, the Capstone team collaborated with international youth agencies to survey youth (ages 15-24) from around the globe. The Capstone team negotiated the participation of these agencies, coordinated survey translations in French, Spanish, Arabic, Dutch, Chinese, Japanese, Russian, and Swahili, and developed online, email, and paper based surveys. The team then conducted a statistical analysis of the survey results, providing insight into the opinions of approximately 3,000 youth. The results of the team's findings will be presented at the iEARN Youth Conference in July 2006 in the Netherlands.

Our World 캡스톤 프로젝트의 목적은 글로벌 설문지 관리 및 결과 분석을 조정하여 시민권, 정체성 및 세계 평화에 대한 글로벌 청소년 관점을 얻을 수 있도록 Education Development Center, Inc.(EDC) 및 파트너를 지원하는 것이다. Capstone 팀은 클라이언트와 파트너가 개발한 설문지를 활용하여 국제 청소년 기관과 협력하여 전 세계의 청소년(15-24세)을 조사했다. Capstone 팀은 이러한 기관의 참여를 협상하고 프랑스어, 스페인어, 아랍어, 네덜란드어, 중국어, 일본어, 러시아어 및 스와힐리어로 설문 번역을 조정하고 온라인, 이메일 및 종이 기반 설문 조사를 개발했다. 이어 연구팀은 설문조사 결과를 통계적으로 분석해 약 3000명의 청소년들의 의견을 분석했다. 팀의 연구 결과는 2006년 7월 네덜란드에서 열리는 iEARN Youth Conference에서 발표될 예정이다.

Infomation **Client** : Education Development Center
Faculty : Jody Spiro
Team : Caroline Chambre, Melissa Garba, Janelle Lewis, Marine Lericolais

• Post Hurricane Commercial Revitalization of Biloxi, Mississippi

Biloxi, MS, suffered extensive damage during hurricane Katrina in 2005. The Biloxi Housing Authority (BHA) has been spearheading revitalization and rebuilding efforts to restore the vitality and diversity that made Biloxi a great community. While many residents have returned to rebuild their homes and lives, many more are unable to come back due to a lack of housing. Rebuilding efforts in Biloxi have largely centered around workforce housing. The BHA has recognized that in order to create a vibrant and sustainable community, commercial revitalization is also necessary. The Capstone team was asked to research and analyze how best to rejuvenate Division Street, the main commercial corridor in East Biloxi. The team conducted two site visits to assess existing conditions and gather input from the community as to how they envision Division Street. Through extensive research into relevant and applicable case studies and land use assessments, the team developed a set of recommendations for spurring commercial revitalization along Division Street.

Biloxi, MS는 2005년 허리케인 Katrina로 인해 막대한 피해를 입었다. Biloxi Housing Authority (BHA)는 Biloxi를 훌륭한 커뮤니티로 만든 활력과 다양성을 복원하기 위한 재건 노력을 주도하고 있다. 많은 주민들이 집과 삶을 재건하기 위해 돌아왔지만, 더 많은 사람들이 주택 부족으로 인해 돌아올 수 없다. Biloxi의 재건 노력은 주로 노동력 주택을 중심으로 이루어졌다. BHA는 활기차고 지속 가능한 커뮤니티를 만들기 위해서는 상업 활성화도 필요하다는 것을 인식했다. Capstone 팀은 East Biloxi의 주요 상업 회랑인 Division Street를 젊어지게 하는 최선의 방법을 연구하고 분석하라는 요청을 받았다. 팀은 기존 조건을 평가하고 Division Street를 구상하는 방법에 대한 커뮤니티의 의견을 수집하기 위해 두 번의 현장 방문을 수행했다. 관련 사례 연구와 토지 사용 평가에 대한 광범위한 연구를 통해 팀은 Division Street를 따라 상업 활성화를 촉진하기 위한 일련의 권장 사항을 개발했다.

Infomation **Client** : Biloxi Housing Authority and Local Initiatives Support Corporation
Faculty : Nhadine Leung
Team : Leah Flax, Samelys Lopez, Ines Saldana

- **10-Year Capital Plan**

With the assistance of a Capstone team, the Parks department has begun development of a 10-year capital plan. This plan is a reflection of the departments commitment to honor the needs of its constituents and ensure that it has the appropriate financial requirements needed to meet both departmental and public goals. The Parks Department enlisted the Capstone team to examine vision statements that were collected from the Parks Commissioners from all five boroughs. These statements were the basis for the evaluation of the facilities and requests from each community. This plan is the first attempt of the Parks Department to compare cost figures against the visions for each facility. When completed, it will guide the capital allocation of funds in order to maximize resources for the public good. Intended as a public document, the capital plan will drive conversations with elected officials and granting agencies as well as city, state, and federal agencies.

캡스톤 팀의 도움으로 공원 부서는 10개년 자본 계획의 개발을 시작했다. 이 계획은 구성 요소의 요구를 존중하고 부서 및 공공 목표를 모두 충족하는 데 필요한 적절한 재정 요구 사항이 있는지 확인하려는 부서의 약속을 반영한다. 공원 부서는 캡스톤 팀에 5개 자치구의 공원 위원들로부터 수집한 비전 선언문을 조사하도록 요청했다. 이러한 진술은 시설 평가와 각 커뮤니티의 요청에 대한 근거가 된다. 이 계획은 각 시설에 대한 비전과 비용 수치를 비교하기 위한 공원국의 첫 번째 시도이다. 완료되면 공익을 위한 자원을 극대화하기 위해 자금의 자본 할당을 안내한다. 공개 문서로 의도된 이 자본 계획은 선출된 공무원 및 보조금 기관, 시, 주 및 연방 기관과의 대화를 주도할 것이다.

Infomation **Client** : New York City Department of Parks and Recreation
Faculty : Kathryn Morrison and Lawrence Murray
Team : Christopher Fredericks, Shinichiro Okamoto, Sharon Ng, Rachel Werner, Harvey Yuen

• **2004 DOWNTOWN BROOKLYN REZONING**

Brooklyn Community Board 2 (CB2) is one of 59 geographically exclusive, independent New York City agencies that serve as the most local form of representative government. In 2004, the New York City Council passed the Downtown Brooklyn Rezoning plan, which aimed to further the growth of the area as New York City's third largest Central Business District. Brooklyn CB2 engaged a Capstone team in conducting a comprehensive needs assessment based on the impacts of the 2004 Downtown Brooklyn Rezoning plan to inform its responses to city charter-mandated budget submissions. The team analyzed existing conditions associated with five areas: public schools, parks and open space, pedestrians and transit, water and sewer capacity, and affordable housing. The team created and analyzed a survey to gather resident concerns, interviewed prominent community and city stakeholders, and produced recommendations for future neighborhood improvements to mitigate the impacts.

Brooklyn Community Board 2(CB2)는 59개의 지리적으로 배타적이고 독립적인 뉴욕시 기관 중 하나로서 가장 지역적인 형태의 대표 정부 역할을 한다. 2004년에 뉴욕 시의회는 이 지역을 뉴욕시에서 세 번째로 큰 중심 업무 지구로 성장시키는 것을 목표로 하는 다운타운 브루클린 구역 재조정 계획을 통과시켰다. Brooklyn CB2는 2004년 다운타운 Brooklyn Rezoning 계획의 영향을 기반으로 종합적인 수요 평가를 수행하여 도시 헌장에 따라 제출된 예산 제출에 대한 응답을 알리기 위해 Capstone 팀을 고용했다. 팀은 공립학교, 공원 및 개방된 공간, 보행자 및 대중교통, 상하수도 용량, 저렴한 주택 등 5개 영역과 관련된 기존 조건을 분석했다. 이 팀은 주민의 우려 사항을 수집하기 위해 설문 조사를 작성 및 분석하고 저명한 커뮤니티 및 도시 이해 관계자를 인터뷰했으며 영향을 완화하기 위한 향후 이웃 개선에 대한 권장 사항을 생성했다.

Infomation **Client** : Brooklyn Community Board 2
Faculty : Hayashi/ Keane/ Sargent
Team : Jin Xiu Chen, Gwen Buckley Kilvert, Nonie Mathur , Dana Ashley Waller

• **311 Customer Satisfaction: Assessing Awareness and Understanding**

311 is New York City's phone number for government information and non-emergency services. The Capstone team effectively measured the public's experience with the services provided by 311 through an online survey on nyc.gov and a phone customer

satisfaction survey. The team also interviewed various stakeholders to gauge their awareness and understanding of 311 in order to define their expectations and measure their satisfaction. The need to assess 311 - what it is and what it is not - across various groups of stakeholders is important to understanding and recognizing different stakeholders' definitions of customer satisfaction. The Capstone team conducted interviews and research, and designed two customer satisfaction surveys. Based on the results of the surveys, the Capstone team made recommendations that serve to enhance and expand 311's customer service delivery and marketing.

311은 정부 정보 및 비응급 서비스를 위한 뉴욕시의 전화번호이다. Capstone 팀은 nyc.gov에서 온라인 설문조사와 전화 고객 만족도 설문조사를 통해 311에서 제공하는 서비스에 대한 대중의 경험을 효과적으로 측정했다. 팀은 또한 다양한 이해 관계자를 인터뷰하여 311에 대한 인식과 이해도를 측정하여 기대치를 정의하고 만족도를 측정했다. 다양한 이해 관계자 그룹에 걸쳐 311의 정의와 그렇지 않은 것을 평가할 필요성은 다양한 이해 관계자의 고객 만족도 정의를 이해하고 인식하는 것이 중요하다. Capstone 팀은 인터뷰와 조사를 수행하고 두 가지 고객 만족도 조사를 설계했다. 설문 조사 결과를 바탕으로 Capstone 팀은 311의 고객 서비스 제공 및 마케팅을 강화하고 확장하는 데 도움이 되는 권장 사항을 제시했다.

Infomation **Client** : New York City Department of Information Technology and Telecommunications
Faculty : Dennis Smith and Ana Oliveira
Team : Marina Alekseyenko, Michelle Beller, Meredith Moore

• 9/11 and The Department of Design and Construction

In addition to the taking of lives and the destruction of the towers, the attacks on the World Trade Center, created a leadership vacuum. Fortunately, the Department of Design and Construction (DDC), a little known city agency, was able to quickly organize the clean-up effort that began almost simultaneously with the collapse of the two towers. This research paper looks into the unique characteristics that allowed individuals at the DDC to bring order and leadership to the chaos of Ground Zero.

생명을 앗아가고 타워를 파괴하는 것 외에도 세계 무역 센터에 대한 공격은 리더십 공백을 만들었다. 다행히도, 잘 알려지지 않은 도시 기관인 DDC(Department of Design and Construction)는 두 타워가 무너지는 것과 거의 동시에 시작된 청소 작업을 신속하게 조직할 수 있었다. 이 연구 보고서는

DDC의 개인이 그라운드 제로의 혼란에 질서와 리더십을 가져올 수 있었던 고유한 특성을 살펴본다.

Infomation Independent Research
Faculty : Mitchell Moss
Team : Henry Choi

- **A Business Plan to Create a Residential Rehabilitation Center**

VISIONS is a nonprofit organization dedicated to assisting people of all ages with vision loss and generating public awareness about capabilities and needs of the blind and visually impaired in the New York Metropolitan area. Facing the challenge of meeting changing client needs while maintaining long-term viability, VISIONS enlisted the help of a Capstone team to assess the feasibility and sustainability of constructing a residential rehabilitation center for the blind. The team analyzed census data, competitor models, and financial statements in order to provide a program-based, costbenefit analysis. Additionally, the Capstone team conducted interviews and distributed surveys among employees, clients, competitors, foundations, and vision specialists to provide a comprehensive risk analysis that assessed competition, customer base, staffing, and funding streams. The culmination of these efforts resulted in the development of a comprehensive business plan which the team presented to the VISIONS Board of Directors.

VISIONS는 시력 상실을 가진 모든 연령대의 사람들을 지원하고 뉴욕 메트로폴리탄 지역의 맹인 및 시각 장애인의 능력과 필요에 대한 대중의 인식을 제고하는 데 전념하는 비영리 조직이다. 장기적인 생존 가능성을 유지하면서 변화하는 고객의 요구 사항을 충족해야 하는 도전에 직면하여 VISIONS는 시각 장애인을 위한 주거 재활 센터 건설의 타당성과 지속 가능성을 평가하기 위해 Capstone 팀의 도움을 받았다. 팀은 프로그램 기반의 비용 편익 분석을 제공하기 위해 인구 조사 데이터, 경쟁업체 모델 및 재무제표를 분석했다. 또한 Capstone 팀은 경쟁, 고객 기반, 인력 및 자금 흐름을 평가하는 포괄적인 위험 분석을 제공하기 위해 직원, 고객, 경쟁업체, 재단 및 비전 전문가를 대상으로 인터뷰 및 설문조사를 배포했다. 이러한 노력의 결실로 팀이 VISIONS 이사회에 제출한 포괄적인 사업계획이 개발되었다.

Infomation **Client** : VISIONS, Services for the Blind and Visually Impaired
Faculty : Barbara Turk
Team : Lilit Abrahamyan, Yunzhu Chen, Huihuan He, Christina Lin

• **A Case Study on Best Practices for Out of School Time Intermediary Organizations**

The After-School Corporation (TASC) Capstone team conducted case studies of six cities that were representative of the diversity of intermediary organizations currently engaged in systems building across the nation. The following intermediaries were examined: Columbus, OHs After School Counts; Detroit's Mayor's Time; Fairfax Partnership for Youth; Fresno Communities Organizing Resources to Advance Learning (CORAL); Houston's Harris County Department of Education (CASE); and St. Louis for Kids. The case studies purposes are to illustrate the strategic contributions intermediary organizations have made to building the local after-school system and improving outcomes for kids since their participation in recent TASC conferences. Capstone team members conducted interviews with stakeholders and gathered research on relevant baseline data in each city; changes in the core functions and model of each organization; and subjects related to the scale of the after-school system, outcomes measurement for after-school programs, alignment with the school day, accountability, and the challenges of serving youth successfully across race, class, gender, and age.

TASC(After-School Corporation) 캡스톤 팀은 현재 전국적으로 시스템 구축에 참여하고 있는 다양한 중개 조직을 대표하는 6개 도시에 대한 사례 연구를 수행했다. Columbus, OHs After School Counts, 디트로이트의 시장 시대, 청소년을 위한 페어팩스 파트너십, 학습을 발전시키기 위한 자원을 조직하는 프레즈노 커뮤니티(CORAL), 휴스턴의 해리스 카운티 교육부(CASE), 어린이를 위한 세인트루이스등과 같은 중개자들이 조사되었다. 사례 연구의 목적은 최근 TASC 회의에 참여한 이후 중개 조직이 지역 방과후 시스템을 구축하고 아동의 결과를 개선하는 데 전략적으로 기여한 것을 설명하는 것이다. 캡스톤 팀원들은 이해 관계자들과 인터뷰를 진행하고 각 도시의 관련 기준 데이터에 대한 각 조직의 핵심 기능 및 모델의 변경 및 방과후 시스템의 규모, 방과후 프로그램의 결과 측정, 수업일과의 연계, 책임, 인종, 계급, 성별 및 연령에 관계없이 청소년을 성공적으로 섬기는 데 따른 도전과 관련된 주제 연구를 수집했다.

Infomation **Client** : The After-School Corporation (TASC)

Faculty : Merle Mcgee and Irwin Nesoff

Team : Rachel Brashier, Brooke Janos Couch, Rona Gottlib, Kari Hayden, Jennifer Siaca, Anna Verdiyan

- **A Communication Strategy to Decrease Fraud, Abuse, and Waste in the Supplemental Nutrition Assistance Program**

The NYC Human Resources Administration (HRA) is the nation's largest social service department and provides food stamp benefits to 1.8 million recipients via the Supplemental Nutrition Assistance Program (SNAP). SNAP loses millions of dollars annually to trafficking, fraud, and overpayments. After fraud discovery, the Investigation, Revenue and Enforcement Administration (IREA), a department within HRA, conducts extensive investigations; however, investigations are costly and the amount recovered rarely covers the expense of the investigation. The Capstone team was asked to work with the IREA to improve their external communication strategy to optimize fraud deterrence methods. The team focused on prevention strategies, researching different deterrence methods used in other states and countries, with particular attention on social welfare programs and the private sector. After analyzing IREA's current deterrence systems, the team developed an effective communication strategy based on best practices to decrease fraud, abuse, and waste in SNAP.

NYC 인적 자원 관리국(HRA)은 미국 최대의 사회 서비스 부서로 SNAP(Supplemental Nutrition Assistance Program)를 통해 180만 명의 수혜자에게 식품권 혜택을 제공한다. SNAP는 인신매매, 사기, 초과지불로 인해 매년 수백만 달러의 손실을 보고 있다. 사기가 발견되면 HRA 내 부서인 IREA(수사, 세입 및 집행 관리국)에서 광범위한 조사를 수행한다. 그러나 조사 비용이 많이 들고 회수된 금액이 조사 비용을 충당하는 경우는 거의 없다. Capstone 팀은 사기 억제 방법을 최적화하기 위해 외부 커뮤니케이션 전략을 개선하기 위해 IREA와 협력하도록 요청받았다. 팀은 예방 전략에 중점을 두어 사회 복지 프로그램과 민간 부문에 특히 주의하면서 다른 주와 국가에서 사용되는 다양한 억제 방법을 연구했다. IREA의 현재 억제 시스템을 분석한 후 팀은 SNAP의 사기, 남용 및 낭비를 줄이기 위한 모범 사례를 기반으로 효과적인 커뮤니케이션 전략을 개발했다.

Infomation **Client** : New York City Human Resources Administration, Investigation, Revenue & Enforcement Administration

Faculty : Dennis Smith

Team : Marne Braddock, Natalie Kianoff, Takafumi Okamoto

- **A Community PlaySpace: Nurturing East Harlem's Babies, Toddlers, Caregivers, and Families through Collaboration and Play**

The overcrowded conditions and lack of interior spaces in urban areas can limit infant and toddler learning opportunities and promote family isolation. In order to adequately address this growing concern in the East Harlem community, Project Return Foundation, a not-for-profit, multi-service organization, in collaboration with three social service agencies and three educational institutions, begun to develop a program model for a multiple use, indoor space designed to meet the developmental needs of children 0-3 years old. The Capstone team assisted these organizations in developing the PlaySpace model by providing research on the developmental needs of children 0-3, evaluating established models, analyzing guidelines for creating recreational spaces, and providing programmatic design and funding strategies. The range of services suggested by the Capstone team includes recreational and educational services for infants and toddlers. The PlaySpace will also function as a resource center for parents, foster parents, caretakers and childcare providers by offering peer groups, training, and referral services.

도시 지역의 과밀 상태와 실내 공간의 부족은 영유아 학습 기회를 제한하고 가족 격리를 조장할 수 있다. East Harlem 커뮤니티에서 증가하는 이러한 우려를 적절하게 해결하기 위해 비영리 다중 서비스 조직인 Project Return Foundation은 3개의 사회 서비스 기관 및 3개의 교육 기관과 협력하여 프로그램 모델을 개발하기 시작했다. 0-3세 아동의 발달 요구 사항을 충족하도록 설계된 다용도 실내 공간이다. Capstone 팀은 0-3세 아동의 발달 요구에 대한 연구를 제공하고, 기존 모델을 평가하고, 레크리에이션 공간을 만들기 위한 지침을 분석하고, 프로그래밍 방식의 디자인 및 자금 조달 전략을 제공하여 PlaySpace 모델을 개발하는 데 있어 이러한 조직을 지원했다. Capstone 팀이 제안하는 서비스 범위에는 영유아를 위한 레크리에이션 및 교육 서비스가 포함된다. PlaySpace는 또한 동료 그룹, 교육 및 추천 서비스를 제공함으로써 부모, 위탁 부모, 돌보는 사람 및 보육 제공자를 위한 리소스 센터의 기능을 할 것이다.

Infomation Project Return Foundation

Faculty : Kathryn Morrison and Lawrence Murray

Team : Janet Buggle, DeShele Dorsey, Jessica Kohnen Karaska, Karen Sullivan, Daphne Wang

• **A Comparative Analysis of Smart Growth Implementation Practices**

Smart Growth is a widely-used term that refers to land use practices that reinforce environmental protection, economic development, transportation options and encourage dense, walkable communities. Many in the field view smart growth as an antidote to the negative effects of urban and suburban sprawl. Smart Growth represents a significant challenge for public managers at the state and local levels. The Capstone team was asked to conduct a comparative analysis of Smart Growth initiatives. The Capstone team focused on the implementation of growth management and land use reforms in Florida, Utah and Oregon. By developing case studies for each state the Capstone team was able to outline relevant policy frameworks, and explore implementation factors. In particular, the Capstone team reviewed three dimensions of implementation: (1) goals and objectives, (2) public awareness and participation, and (3) measurement and evaluation. In addition to detailed cases, the Capstone team provided a comparative analysis highlighting the similarities and differences and strengths and weaknesses of each program, as well as a general model for understanding Smart Growth as the basis for a change management program.

Smart Growth는 환경 보호, 경제 개발, 교통 옵션을 강화하고 조밀하고 걷기 좋은 커뮤니티를 장려하는 토지 사용 관행을 지칭하는 널리 사용되는 용어이다. 현장의 많은 사람들은 스마트 성장을 도시 및 교외의 무분별한 확장으로 인한 부정적인 영향에 대한 해독제로 보고 있다. 스마트 성장은 주 및 지역 수준의 공공 관리자에게 중요한 도전 과제다. Capstone 팀은 Smart Growth 이니셔티브에 대한 비교 분석을 수행하도록 요청받았다. Capstone 팀은 플로리다, 유타 및 오레곤에서 성장 관리 및 토지 사용 개혁의 실행에 중점을 두었다. 각 주에 대한 사례 연구를 개발함으로써 Capstone 팀은 관련 정책 프레임워크를 개략적으로 설명하고 구현 요소를 탐색할 수 있었다. 특히, Capstone 팀은 (1) 목표 및 목적, (2) 대중의 인식 및 참여, (3) 측정 및 평가의 세 가지 구현 차원을 검토했습니다. 캡스톤팀은 구체적인 사례와 함께 각 프로그램의 유사점과 차이점, 강점과 약점을 비교 분석하고 변화 관리 프로그램의 기반이 되는 Smart Growth를 이해하기 위한 일반적인 모델을 제공했다.

Infomation **Client** : Institute of Public Administration (IPA)

Faculty : A Comparative Analysis of Smart Growth Implementation Practices

Team : Lea Freund, David Klebenov, Noah Lapine, Rena Masten, Mark Oberndorf, and Gil Soltz

- **A Comparative Program Analysis of New York Schools and their Russian and Chinese Counterparts**

International Education and Resource Network (iEARN) is a nonprofit organization made up of over 20,000 schools in more than 115 countries. iEARN empowers teachers and students to collaborate virtually using the Internet and other new communication technologies. Since its inception in 1988, iEARN has pioneered online school linkages to enable students to engage in meaningful educational projects with peers in their countries and around the world. To commemorate iEARNs upcoming 20th anniversary in 2008, the Capstone team conducted an in-depth study on the impact iEARN has had on participating administrators, teachers, students and parents in New York and its earlier collaborations with Russia and China during the organizations early years: 1988-1993. Nearly 50 teachers, students and administrators were interviewed and/or completed a survey in both New York and in Russia. The purpose of this assessment is multi-layered: to demonstrate past impact while improving future practice of iEARN on the global community.

국제 교육 및 자원 네트워크(iEARN)는 115개국 이상에 있는 20,000개 이상의 학교로 구성된 비영리 단체다. iEARN은 교사와 학생이 인터넷 및 기타 새로운 통신 기술을 사용하여 가상으로 협업할 수 있도록 한다. iEARN은 1988년 설립된 이래로 학생들이 자국 및 전 세계의 동료들과 의미 있는 교육 프로젝트에 참여할 수 있도록 온라인 학교 연계를 개척해 왔다. 2008년에 다가오는 iEARN의 20주년을 기념하기 위해 Capstone 팀은 iEARN이 참여하는 뉴욕의 관리자, 교사, 학생 및 학부모에게 미친 영향과 초기 조직에서 러시아 및 중국과의 초기 협력에 대한 심층 연구를 수행했다. 1988-1993. 거의 50명의 교사, 학생 및 행정가가 뉴욕과 러시아에서 인터뷰 및 설문조사를 완료했다. 이 평가의 목적은 다층적으로, 글로벌 커뮤니티에 대한 iEARN의 미래 관행을 개선하면서 과거의 영향을 입증하는 것이다.

Infomation **Client** : International Education and Resource Network
Faculty : Jody Spiro
Team : Abby Bush, Sora Chung, William Holton, Michael Kokozos

제3장

캡스톤디자인 국내사례

3.1 국제레저관광학과 사례[11)]

(1) 소개

선문대학교 국제레저관광학과에서는 매 학기 캡스톤 디자인 수업을 필수로 진행하고 있다. 캡스톤 디자인 수업은 주로 3학년 4학년이 수강하는 수업으로 6학기 이상 학부 수업을 수행한 학생들이 팀을 이루어 레저 및 관광에 관련된 과제를 스스로 수행하는 방법으로 진행된다. 2020년에는 세계적인 코로나19(COVID-19) 팬데믹 상황에서 어려움을 겪고 있는 국내 관광의 문제점과 해결방안 등에 초점을 맞추어 프로젝트가 진행되었다. 보고서 작성과 파이널 프레젠테이션이 주 미션으로 현장방문과 전문가 인터뷰, 주제에 따라서는 프로그램 및 APP 개발 등을 진행하기도 했다.

(2) 2017년 프로젝트 사례

• 라디오를 활용한 언텍트시대 관광활성화 방안 -오디오클립으로 듣는 여행이야기-

현재 언택트 시대에 살고 있는 우리는 비대면 서비스 속에서 살아가고 있다. 먼저 '언택트'에 대해 정의를 내리자면 접촉(Contact)을 뜻하는 콘택트에 언(un)이 붙어 '접촉하지 않는다'는 의미이다. 즉, 사회적 거리두기로 인해 온라인으로 통해 각종 활동을 하는 새로운 트렌드이다. 이러한 시대로 바뀌어 나가면서 우리 사회에 변화는 많이 일어났다. 집에서도 모든 업무를 해결 할 수 있는 환경을 만들어나가며, 선택적으로 재택근무를 하는 '유연 재택근무제'라는 것을 기업에서 많이 사용하며 비대면 서비스가 활성화 되고 온라인 개학에 따른 화상강의가 이루어진 것이다. 이에 따라 화상으로 접하게 되는 활동들이 점차 많아지게 될 것이다. 현재 대학에서는 줌(Zoom)이라는 실시간 커뮤니케이션이 가능한 프로그램을 통해 다양한 온라인 플랫폼을 사용하고 있다. 이렇게

11) https://www.youtube.com/watch?v=0C2hK-dETE8 (한국지방관광연구원 채널 검색)

온라인 중심으로 변화되면서 대면으로 교육하는 방법이 점차 사라지고, 온라인 강의 수요가 점차 증가하고 있다. 관광분야에서도 대규모인 여행보다 소규모 여행으로 바뀌어 나갔고 무엇보다 '안전'을 중시하게 되는 여행이 트렌드로 되어가고 있다. 코로나가 오기 전에는 사람들과 모여 활동적인 관광활동을 선호하였다면 현재는 캠핑, 호캉스, 차박 등 최대한 사람들과 거리를 둘 수 있는 활동을 선호하고 있는 시대로 바뀌었다. 이렇게 점점 심각해지는 코로나 19 상황에서 여행을 마음대로 가지 못하는 여행객들의 욕구를 충족시킬 수 있는 상품들이 많이 나와야 한다는 필요성을 느끼게 되었다.

• 차박 여행을 통한 충청남도 관광 활성화 방안

전년도 12월부터 현재까지 장기화된 코로나19(COVID-19) 팬데믹(Pandemic)으로 많은 산업이 어려움을 겪고 있다. 관광업은 대내외적 이슈 발생 시, 가장 직접적이고 즉각적인 타격을 받는 분야 중 하나로 현재 전염병으로 인한 관광 시장의 위축에 따라 전례 없는 위기에 맞닥뜨렸다. 현재 국내 관광 일자리 약 12만 개가 사라졌고, 코로나19가 언제 확산 또는 종식될지 모른다는 그 누구도 예측 불가능한 상황에 있다는 것이 관광산업의 현실이다. 우리는 위기에 직면하여 새로운 방안을 모색할 필요가 있다. 정부 권고 수칙인 사회적 거리 두기로 인해 외출 및 타인과의 접촉에 제한이 생겨남에 따라 기존의 관광활동과 동일한 욕구 충족의 완벽한 대안이 될 수 있는 여행은 불가능하지만 어떠한 형태로든 관광을 이어 나가야 한다. 하위 단계의 욕구가 우선적으로 충족되어야 하기 때문에 지금은 안전을 중심으로 한 점진적인 관광 재개가 필요한 시점이다. 이에 따라 코로나19 이후 모든 문화생활이 비대면이라는 날개를 달고 크게 확대되고 있으며, 관광 트렌드 또한 크게 변화하였다. 현재 관광 추세인 언택트(Untact) 관광을 주의 깊게 살펴보고 분석해볼 필요가 있다. 랜선관광, 비행기 관광은 코로나19 이후로 새로 생겨난 관광 형태이며, 호캉스, 기차여행, 캠핑, 그리고 숨은 명소들을 찾아 떠나는 여행은 기존에 있었지만 코로나19 이후 부상한 관광 형태이다. 한국관광공사는 관광객 밀집을 최소화하고, 방역지침에 따라 안전하게 여행할 수 있는 국내 아름다운 작은 소도시들의 손쉽게 찾을 수 있는 '비대면 관광지 100선'을 선정하여 소도시로 떠나는 여행을 추천했다. 이렇듯 현재 정부 및 지방자치단체의 노력으로 침체된 관광산업은 점차 상승세를 보이고 있지만 지역 경제는 여전히 회복하지 못한 상태이다. 이에 따라 관광객 욕구를 충족시키고 관광 및 지역 경제 활성화 모두에 기여할 수 있으며, 포스트 코로나 시대까지도 각광받을 수 있는 여행 방식인 '차박'에 관심을 가지고, 이를 활성화시킬 필요가 있다.

• 농촌체험·숙박을 통한 꾀꼴성 마을 활성화 방안

현재 농촌 관련 관광인 휴양 마을, 관광 농원, 농촌 테마 공원, 낙농 체험 목장 등이 2014년부터 2017년까지 총 4년간 꾸준히 증가 추세를 보이고 있다. (대구대학교 산학협력단, 2018, p. 35; 37; 40; 44) 이를 통해 농촌 관련 체험에 관광객들의 관심이 증가함을 알 수 있다. 이러한 농촌 체험의 장점인 이색적인 체험과 교육적 측면의 유익함, 휴양 등을 접목하여 색다른 관광 상품을 탄생시키고자 한다. 그리고 요즘 같이 해외여행은 못가고 오로지 국내여행만을 통해 욕구충족을 해야 때문에 이러한 추세들을 잘 파악한다면, 원래도 관심이 있었지만 더욱 더 크고 많은 발전을 할 수 있는 계기가 될 수 있을 것이다. 더 나아가 본 논문은 일반적인 농촌 체험에서 그치는 것이 아닌 레저 활동으로 진화함으로써 COVID-19 상황이 종식된 이후에도 뉴 노멀(New-Normal) 관광 형태로 도약을 꾀하고자 한다.

• 뉴트로 컨셉을 이용한 아산시 관광 활성화 전략농촌체험·숙박을 통한 꾀꼴성 마을 활성화 방안

코로나19의 확산에 의하여 국가 간 이동이 제한되고, 감염에 관한 심리적 불안감 또한 증가하여 당분간 국제관광 수요보다는 국내관광 수요로 전환될 것이라고 추측한다. '어떻게 하면 국내 여행 활성화를 할 수 있는가?' 에 대한 해결책을 마련해야한다. 해결책을 제시하기 전에 2020년도의 여행트렌드를 살펴보겠다. 북킹닷컴(숙박예약전문)은 29개 관광시장, 대략 22,000명의 여행자와 함께 18,000만 건 이상의 고객이 작성한 리뷰를 분석을 통하여 2020년 여행트렌드를 예측하였다.[12] 2020년 주요 여행트렌드 중 대안여행[13]이라는 트렌드를 참고하여 유명한 관광지 보다는 비대면관광지를 탐색하고 발견하여 개발하는 것에 노력을 기울여야 한다. 코로나 19로 인해 언택트시대를 맞이하여 유명관광지보다는 알려지지

12) 한국관광공사 (2019). 『2020년 세계여행트렌드』. 5pg

13) 대안여행: 여행자가 선택한 국가나 여행지역의 유명여행지를 대신하는 숨은 여행지나 덜 알려진 여행지를 여행하는 것.

않은 관광지를 활용하여 2020년도의 새롭게 활성화 되고 있는 트렌드인 뉴트로와 관광을 융합하여 2030 밀레니엄세대에게 향수를 불러 일으키며 젊은 세대들에게는 밀레니얼 세대의 문화를 엿볼 수 있는 새로운 기회를 제공한다는 측면에서 아산시의 지역경제 활성화 및 관광객 유치를 하는 것이 이 연구의 목적이다.

• 무착륙 체험비행 투어

코로나 19로 인해 해외여행을 가지 못하는 여행객들의 욕구를 충족시키기 위해 도착지 없이 상공을 비행하다 다시 이륙지로 돌아오는 목적지 없는 이색 비행 체험 프로그램을 생각하게 되었습니다. 항공 관련 학과에서는 코로나19로 학생들의 실습 기회가 사라져 고민이었고, 항공사는 운항 노선이 대폭 줄어들어 고민이었습니다. 이러한 상황에서 여행객, 항공사, 관련직 모두의 이해관계가 맞는 상품이라 생각합니다. 항공업계는 체험비행을 통해 큰 매출을 내지는 못해도 항공권, 기내 면세품 판매 등을 통한 일부 수익 개선이 가능할 것으로 보고 있으며"다양한 이색 비행 상품들은 침체된 항공 시장에 활력을 주는 것은 물론 일명 '항덕'(항공 덕후)들의 호응도 얻을 것"입니다.

• 드라이브스루를 활용한 언택트 축제 및 관광 활성화 방안

코로나 19로 사회적 거리두기의 확산에 따라 '언택트 소비'가 일상화 됐다. 정부는 2020년 1월 27일 코로나19 '경계' 단계 발표 이후 2월 23일 '심각' 단계로 격상 하였으며 최근 누적 확진자 1만여 명까지 증가했다. 코로나19 확산의 영향으로 온라인 유통업체 매출이 급증하였으며 오프라인 유통업체도 매출감소 대응을 위해 온라인 판매·배송 서비스를 추진했다. 한국은 재택근무, 온라인 개학, 원격진료 등 언택트 서비스를 실험 중이다.

• 소규모 프리미엄 해양레저 활성화 방안

지금 한국 관광업은 비약적으로 발전하고 있다. 전통적인 관광 상품으로는 수요를 감당하기 힘들어진 만큼 새로운 레저관광을 활성화하는 것이 중요하다. 현재 요트 여행은 크게 발전하여 여행자들의 사랑을 받고 있으며 국내외에 자리 잡고 있다. 하지만 요트 관광은 해외나 제주도 지역에 무게중심을 두고 있다. 충남 인근 해안에는 요트 관광이 거의 없다. 요트 투어관광에 대한 국민의 이해 부족, 관광항만 요트 부두의 부대시설 미비, 통일된 규범인 통관검증제도와 정보 플랫폼 부족, 요트 투어 전문인력 부족 등이 우리 요트투어 의 발목을 잡고 있다 . 요트투어 홍보의 강도를 높이고, 크루즈 전용부두를 합리적이고 질서 있게 건설하며, 부대시설을 완벽하게 하고, 크루즈 관광 발전을 위한 관련 규범을 제정하고, 요트투어 인력 양성을 강화하며, 한국 요트투어 산업의 건전한 급속한 발전을 촉진할 것을 제안했다.

• 드론을 통한 VR체험여행

호텔이나 온천여관, 음식점보다 백화점과 대형 약국 체인의 타격이 더 클 것으로 예상된다. 물품 판매 손실 규모는 1조4423억 엔으로 숙박(1조1816억 엔), 음식(8675억 엔), 교통(4163억 엔) 부문을 웃도는 등 큰 피해가 나타난다. 이러한 배경을 토대로 연구하면서, 관광산업을 살리기 위한 구체적인 대책을 제시하는 것이 중요하다. 앞으로 연구와 설문조사를 통해 사람들이 어떤 내용을 요구하고 있는지 파악하고 분석을 통해 관광산업을 발전시키기 위한 성장전략을 모색하는 것이 우리 역할이다. 또한 장래 이와 같은 상태가 발생할 때를 대비하기 위해 관광 분야에서 할 수 있는 대책, 대응도 염두에 두고 연구를 실시하고자 한다.

• 전국 관광지소개 어플리케이션 개발 프로젝트

온라인 미디어의 종류가 보편화되고 사용자가 증가하는 상황에서 코로나19로 인해 온라인 미디어의 중요성은 더욱 높아지고 있다. 인터넷의 발달로 모바일 중심의 미디어 콘텐츠 소비의 버즈량은 급속화로 증가하고 있는 상황이다. GPS를 기반으로 한 각자의 위치 공유가 가능한 모바일 중심 생활을 기초로 하여 사용자들은 모바일기기의 시공간의 제약은 구애받지 않으며, 자신의 니즈에 맞추어 그들이 선호하는 콘텐츠를 선택하는 합리적인 소비자들로 변화했다. 즉, 소비자들은 점차 능동적이고 탄력적으로 변화하고 있다는 의미이다. 각 니즈에 맞는 콘텐츠 및 모바일관광정보서비스를 찾'는 사용자들에 맞추어 온라인 미디어 서비스는 경쟁 속에서 실패를 기반으로 발전을 거듭해 나아가고 있다. 각 미디어 회사들은 새로운 콘텐츠 플랫폼들을 개발하고 있다. 특히 이용하기 쉽고 빠르게 즐길 수 있는 콘텐츠에 대한 수요는 더욱이 높아지고 있다. 따라서 현시점에서 본 연구는 이용하기 쉽고 빠르게 하나의 어플리케이션 안에서 모든 관광정보에 대한 지식을 얻을 수 있도록 한다.

• 언택트시대 서산 6쪽마늘 드라이브 스루 축제

언택트(코로나19)로 인해 그동안 서산시가 6~7월 개최를 앞두고 있던 '서산6쪽마늘 축제"를 전면 취소로 서산시는 잇따른 축제 취소에 따라 농산물 판로에 어려움을 가지고 서산6쪽마늘 농촌 환경은 대외적 환경과 내외적 환경 속에서 위협받고 있다. 또한, 언택트(코로나19)로인해서 농가의 소득감소를 면하지 못하고 있고, 더는 농산물의 생산과 수확만으로 생계가 이루어질 수 없는 상황에 이르렀다. 그래서 농촌에 농가들은 이제는 발전 가능성을 보이지 못하고 농사를 그만두는 농민들이 점차 증가하는 추세에 있다. 우리는 이러한 현실 속에서 일차 산업인 농산물 수확이 아닌 농촌자원을 이용한 농촌 환경을 발전시키는 다른 대책을 요구한다. 이제는 언택트(코로나19)로 인해서 농촌 환경과 축제 전면 취소로 인한 상태를 줄이기 위해서 지금은 서산 6쪽마늘 축제 개최와 농가에 소득 증가 위해 농산물 유통의 분야 외인 농촌관광에 새로운 배경인 드라이브 스루을 통해서 서산6쪽마늘 드라이브스루 축제 개최에 관심을 가져야 한다.

3.2 경찰학과 사례

(1) 소개

앞서 살펴본 바와 같이 캡스톤 디자인 수업이 공학계열의 산업현장을 넘어 인문사회 계열에서도 널리 시도되고 있다. 캡스톤 디자인 수업은 학생들에게 강의실에서 습득한 지식을 현실에서 적용시켜볼 기회를 제공하는 데 초점을 두고 있기 때문에 특정 전공영역에 국한될 필요는 없을 것이다. 앞서 소개된 선문대학교 국제레저관광학과 사례는 이러한 시도가 효과적인 성과를 가져올 수 있음을 보여주고 있다.

최근 들어서는 경찰학 영역에서도 캡스톤 디자인 수업에 대한 관심이 높아지고 있다. 앞서 살펴본 뉴욕대학교 도시과학 및 발전센터 사례가 좋은 예이다. 이러한 변화는 경찰 업무의 특성을 생각하면 상당히 자연스럽다. 경찰의 가장 큰 역할은 소위 '현장 법집행(law enforcement)'으로서 강의실에서 습득한 이론적(법적) 지식을 현장에 적용하는 것이 매우 중요하기 때문이다.

그러나 사실 경찰학 분야에서 실제로 캡스톤 디자인 수업을 진행하기에는 일부 어려움이 있다. 우선 대부분의 경찰관들은 과중한 업무에 시달리고 있어 적극적 협조를 이끌어내는 것이 쉽지 않다. 게다가 산업현장에 적용되는 캡스톤 디자인과는 달리, 경찰기관에게 별다른 인센티브나 유인동기를 기대하기 어렵다. 따라서 아직까지 경찰학 영역에서 캡스톤 디자인 수업이 활성화된 사례는 거의 찾기 어려운 듯하다.

그러나 최근 경찰 영역의 많은 변화를 고려하면 이제는 본격적으로 캡스톤 디자인 수업을 시도해볼만한 가치가 있는 것으로 보인다. 우선 경찰행정에 있어 현장과의 소통이 점차 중요해지고 있다. 불과 몇 년 전만 해도 경찰의 법집행이 다소 권위주의적 시각에서 일방적으로 행해졌다면, 이제는 사소한 법집행에서도 시민들의 동의와 지지를 얻어내는 것이 강조되고 있다. 게다가 2021년 본격적으로 자치경찰제가 시행되면서 시민들의 참여는 더 이상 선택이 아닌 필수가 되었다. 이를 고려하면 경찰학 영역에서도 캡스톤 디자인 수업을 통해 경찰직을 희망하는 학생들에게 현장에 대한 이해를 촉진하는 것이 바람직할 것이다.

본 챕터에서는 건국대 경찰학과에서 진행된 '범죄예방 종합설계' 수업을 소개하고자 한다. 앞서 살펴본 바와 같이 경찰활동패러다임 변화하면서 치안활동에 있어 시민들의 참여가 강조되고 있고, 시민들의 요구에 맞는 예방적 경찰활동의 필요성이 높아지고 있다. 그럼에도 여전히 경찰행정은 CCTV 설치 등 시설 개선 수준에 그치고 있는 실정이다. 건국대학교 경찰학과에서는 '범죄예방 종합설계' 수업을 통해 전문적인 범죄분석으로 범죄와 사고 등 위험요인을 사전에 진단, 개선하고자 한 바 있다.[14] 건국대학교 사례는 캡스톤 디자인 수업 시행에 좋은 참고가 될 것으로 보인다.

14) 범죄예방환경설계(CPTED)란 물리적 환경 개선을 통해 지역의 환경을 범죄가 발생하기 어려운 구조로 설계하여 범죄의 발생 기회를 줄이고, 주민들의 범죄에 대한 두려움을 감소시키는 전략이다. 최근 들어서는 범죄예방환경설계를 통해 지역사회 내의 긍정적 행동 방식 및 이웃공동체의 규범 공유를 촉진하고 이를 통해 지역사회의 구성원인 주민들의 문화적, 사회적, 정서적 욕구에 기초하여 범죄 동기를 감소시키고자 하는 것까지 확장되고 있다.

(2) 2018년 프로젝트 사례 1 : 범죄 예방을 위한 지역내 환경 개선 사례

• 바리케이트(안심간판 설치)

동 사례에서는 학생들이 범죄예방환경설계에 대한 개념을 분석하고, 체감안정도, 범죄두려움, 주거만족도 등을 세밀히 조사하였다. 충주 단월동 원룸촌 지역은 원룸 밀집 구역임에도 CCTV가 부족하고, 가로등 부족으로 인한 불안감 야기되고 있으며, 단기 거주자들이 많다보니 이웃 간의 무관심으로 인해 치안여건이 좋지 않은 것으로 판단되었다. 안심간판 설치를 진행하기로 결정하고 건국대 링크사업단의 예산 지원을 받아 원룸 주인들과 협조하여 간판 설치를 완료하였다.

• 태정태세 문단속(도로표지등 설치)

동 사례에서는 학생들이 범죄예방환경설계에 대한 선행연구 및 실제 적용된 사례들을 조사하고, 이를 토대로 충주지역에 범죄예방환경설계가 적용가능한 지역/장소를 발굴하였다.

이어서 해당 지역의 치안 환경을 분석을 토대로, 솔라표지병을 설치의 필요성을 검토하고 시공 예산 등을 확인한 후, 충주경찰서·충주시청과 협조를 통해 시공을 완료하였다.

(3) 2018년 프로젝트 사례 2 : 디지털 성범죄에 대한 조사 및 홍보사례

• 뜨거운 감자(디지털 성착취물 근절 홍보)

동 사례에서는 학생들이 N번방 사건 이후 아동·청소년에 대한 디지털 성범죄의 문제의 심각성을 인식하고, 디지털 성범죄에 대한 실태조사를 진행하고 관련 정책에 대한 사회적 인식을 연구를 수행하기로 하였다. 설문조사를 수행한 바, 디지털 성착취 피해 등을 목격한 사람이 많았으나 대처 방법을 모르거나 신고의 필요성을 인식하지 못하는 비율이 높다는 점을 발견, 디지털 성착취 관련 정책에 대한 홍보 및 교육을 진행하였다.

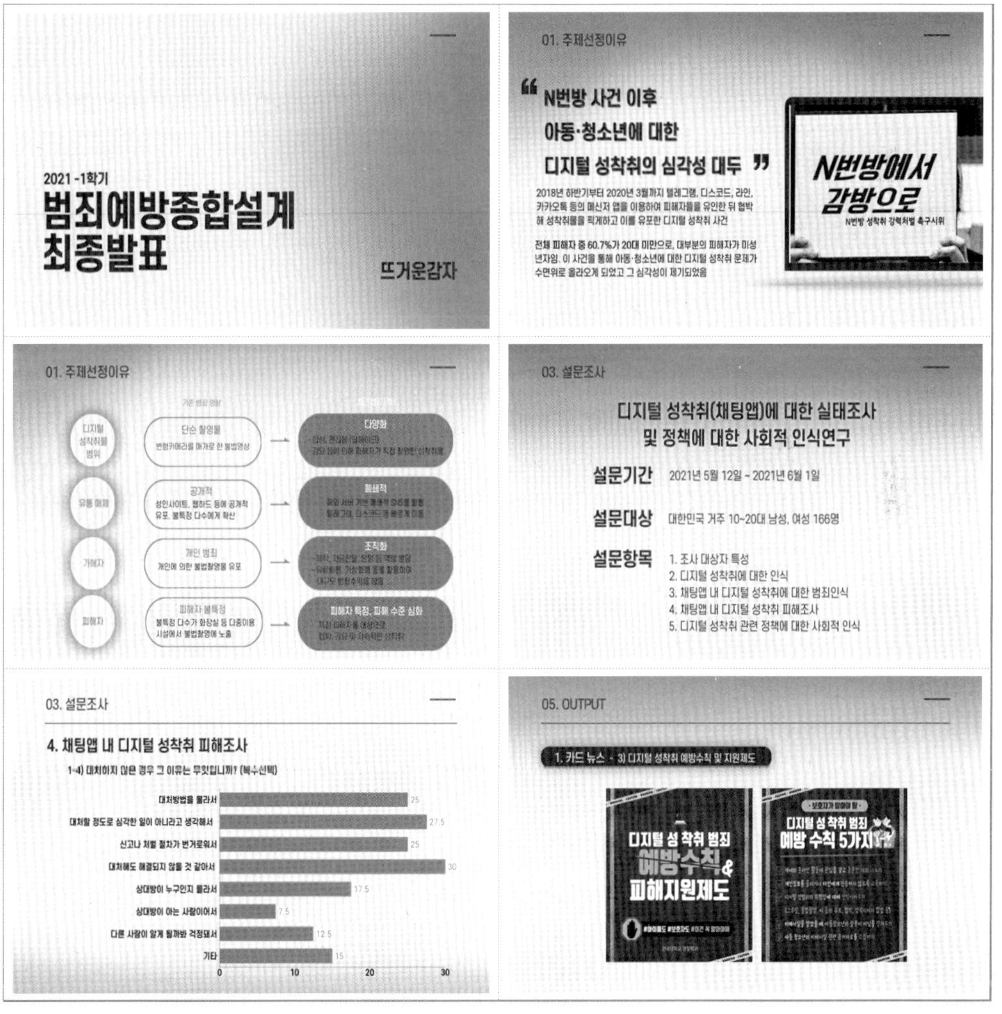

제4장

캡스톤디자인 연계사례

4.1 관산학 연계사례 : 아산시청 연계 전략

(1) 소개

선문대학교 국제레저관광학과는 대학 소재지역의 관청인 아산시와 협력해서 아산시 관광자원 활성화를 위한 연계 프로젝트를 한 학기간 진행했다.

아산시 염치읍에 있는 '염치한우마을'을 활성화하고, 방문객을 유치할 수 있는 다양한 방안에 대해 한 학기간 학생들이 현장조사와 인터뷰 등을 통해 과제발굴과 성과물을 작성하는 방식으로 진행했다.

아산시청 담당공무원과의 연계협력은 물론 인터뷰, 현장조사, 현장관계자 인터뷰 등이 동시 다발적으로 진행됐다.

(2) 2018년 프로젝트 사례

• 아산시 염치읍 한우거리 활성화를 위한 마케팅방안

아산시 염치읍에는 한우거리가 20년 전 조성되어 현재까지 운영되고 있다. 한우거리는 아산 시 유명 관광지들과 가까운 거리에 위치하여 여름 휴가철이면 근처 관광지인 도고 파라다이스·아산 스파비스·온양온천에서 물놀이를 즐긴 후 방문객 수가 증가했다.

충남의 대표적인 한우거리인 아산 염치읍의 한우특화거리에는 7개 한우전문식당이 모여 있다. 1988년에 처음 문을 열었다는 경동식당 등 소비 면에서는 급속한 경제발전으로 유지된 소고기 소비도 한층 높아지게 됐다.

하지만 아직도 염치읍 한우거리의 정보를 잘 알지 못하여 방문객 수를 더욱 늘리기 위해 이번 기회를 발판삼아 알리고자 한다.

• 이색마라톤 유치를 통한 염치읍 한우거리 활성화

아산시는 관광지와 지역특성을 연계한 축제를 운영하는 것으로 알려져있다. 이를 바탕으로 비교적 알려지지 않은 염치읍의 한우거리를 이용한 축제를 통해 아산에 대한 인지도를 폭넓히고 농어촌 지역활성화를 도모하는데에 의의를 두었다.

대중들에게 비싸다고 인식되는 한우를 축제의 컨텐츠로 이용하여 보다 저렴한 가격에 즐길 수 있게 함으로써 염치읍의 한우거리 홍보 및 관광객 만족도를 동시에 잡는데에 목적을 두었다. 현재 아산시에서 개최되는 아산성웅이순신축제가 좋은 성과를 나타내고 있다.

성웅이순신축제의 경우, 예술, 전통부문 프로그램면에서 좋은 모습을 보이지만, '이순신'이라는 이름만 내걸어 국내 이순신 축제만 10개가 있을 정도로 식상한 주제가 되어가고있다. 현재 많은 사람들에게 미식에 대한 관심은 끊이지 않고 있다. 충남의 다른 곳에 비해 아산시 축제의 종류와 폭이 적은 모습을 보인다. 이러한 점에서 우리는 염치한우와 염치읍 한우거리를 관광자원으로 활용하여 새로운 먹거리소개 및 컨텐츠 축제를 개발할 필요성을 느꼈다.

• 아산 염치읍 활성화 전략 - SNS활용 마케팅전략 -

오늘날 국내관광 수요객이 국외 관광 수요객 보다 줄어들고 있다는 말이 많아지고 있다. 그만큼 관광객들의 국내 관광 중요도와 정보성이 떨어지고 그에 관한 가치가 현저히 낮아졌다고 볼 수 있다. 그러나 아산시의 관광객 유입은 매년 증가하고 있다. 그 중에서도 잘 알려진 즉, 집중적인 지역에서만 분포도가 높고 알려지지 않은 다른 지역의 분포도는 현저히 떨어지는 것으로 알 수 있다.

기본적인 아산 시 공식 홈페이지에서만 봐도 아산 10신 등 다양한 관광지가 소개 되어 있지만 알려지지 않은 염치읍 한우거리 등에 대한 정보가 나와 있지 않은 것으로 파악되고 있다. 이는 아산 지역경제를 활성화 방안에서도 안 좋은 영향을 끼치고 있으며, 앞으로 미래지향적인 도시가 되지 못할 수 있는 가능성을 충분히 열어 볼 수 있다.

그리하여 본 연구는 먼저 대표적인 아산시 염치읍 한우거리를 활성화 시키고 이를 계기로 아산시의 전체적인 관광 활성화를 높이기 위한 방안을 제시하고자 한다.

• 여행 캠페인을 통한 아산시 관광 및 염치 한우거리 활성화전략

현재 아산시 염치읍에 위치한 염치 한우거리는 시설적으로 낙후되어 있고 인지도 부분에서도 아산시 인근에 거주하는 사람들 외에는 거의 존재 여부조차 모르는 사람이 태반이다. 그럴 법도 한 것이 현재 염치 한우거리는 그저 크고 작은 정육식당 7개로 이루어져 있다. 이 외에는 아무 것도 없다. 그리고 현재 염치 한우거리는 대중교통으로도 접근하기 힘들어 접근성이 상당히 좋지 않다. 이러한 부분을 살펴봤을 때 관광객들의 관심을 모을 수 있는 새로운 시설이 필요하고 대중교통 새로운 노선의 확보가 필요하다는 것을 알 수 있다.

• 아산시 관광과 염치 한우거리 활성화를 위한 유튜브 마케팅전략

현재 아산시의 관광지와 염치한우거리는 다른 성공한 사례의 관광지와 비교하였을 때 다소 부족한 관광 인프라를 가지고 있으며 지역주민 외의 사람들에게는 인지도가 부족하여 관광지로 개발하기에 많은 어려움을 가지고 있다.

따라서 유튜브 마케팅을 이용해 Vlog 형태의 홍보영상을 제작하여 시청자들에게 공감과 신뢰감을 형성하고 아산시의 다양한 관광지와 염치한우 거리를 활용한 관광코스를 보여줄 것이다. 이를 통해 염치한우거리의 인지도를 높이며 부족한 관광 인프라를 개선함과 동시에 아산시 주변 관광지들의 관광객 유치를 할 것이다.

• 아산 염치 한우거리 활성화를 위한 지역축제 개최방안

이 연구 목적은 축제 개최를 통해 염치 한우 거리를 활성화하는데 있다. 우선, 축제를 개최함으로써 염치 한우 거리에 많은 지역주민을 끌어 올 방안 찾고, 축제를 통해 염치에 한우거리가 있다는 것을 알리고 식당 등의 방문을 높이고자 한다.

이를 통해, 아산시의 관광 경쟁력을 강화시켜, 지역주민 및 관광객의 요구에 부응할 수 있는 관광개발체계를 구상하고, 향후 경쟁력 있고 영향력 있는 관광도시로 육성과 발전하기 위한 방안으로서 전문적이고 체계적인 아산시 전체의 장기적인 관광발전 계획을 세운다.

• 그린투어리즘을 활용한 아산염치읍 한우마을 활성화

이 연구의 목적은 그린투어리즘을 통해 침체하여 있는 아산 염치읍을 활성화하고자 하는데 필요한 방안을 제시하는 것이다. 염치읍은 곡교천과 배후구릉지로 구성되는 전형적인 농촌 경관을 간직하고 있어 곡교천 유역의 논 농사지역과 구릉지의 밭농사지역이 조화롭게 전개되어 도시민들에게 고향의 정취를 느끼게 하는 지역이다.

염치읍은 대도시의 주거 기능 확산에 따라 도시민들의 농촌휴양 공간으로서 잠재력이 높다고 할 수 있으며 전체 경지면적의 79%가 농업진흥지역으로 지정되어 있다. 이러한 염치읍이 보유하고 있는 농촌환경은 관광자원으로 활용하여 농촌관광 사업화 추진에 발전 가능성이 충분하다.

농촌자원을 활용한 그린투어리즘 정책으로 염치읍에 특성을 이용한 농촌체험 프로그램 개발을 통해 관광객을 유치하고 그로인한 수요로 지역 주민들의 소득을 창출하여 지역경제에 이바지해야 한다.

• 아산시 염치읍 한우거리 여행패키지 기획

아산시 염치읍의 역사 문화적이고 자연친화적인 특징을 가진 관광지와 한우거리를 함께 알리는 것뿐만 아니라 관광객들이 가고 싶어 하는 관광지를 만들기 위해 염치한우거리의 인지도를 높이려고 한다.

아산시의 다양한 관광자원을 활용하여 현재 인지도가 낮은 관광지를 적극 활용하는 방안을 모색하고 성수기와 비수기를 따지지 않게 사계절의 아산시를 볼 수 있는 명소를 적극 알리며, 관광잠재력을 일깨워 관광객이 방문하고 싶은 관광지로 만들고자 한다.

• 염치한우마을과 연계된 한우캠핑장 조성

기존의 염치읍 캠핑장을 비교분석하여 캠핑장 대상지를 선정하려고 하고 캠핑장과 인접한 캠핑 염치읍의 관광자원과 휴양, 휴식 수변 공간을 활용하여 캠핑장과 관광지 두 곳을 활성화시켜 연결 작용을 통하여 인지도를 높이고자한다.

캠핑의 현황을 보았듯이, 이미 다수의 캠핑장이 존재하고 있어 캠핑장의 차별성을 도출해내는 것이 캠핑장을 활성화시킬 수 있는 방안이다. 그래서 우리는 기존에 존재하는 캠핑장에 차별성을 두어 염치한우마을과 연계한 한우캠핑장을 기획한다. 기존의 캠핑장 인근을 활성화시키는 동시에 염치한우마을로의 발걸음을 내딛게 하고자 함이다.

• 염치읍 레저산업발전 활성화 방안

염치읍은 교통 부분에서 지리적 위치가 아주 우수한 강점으로 자리 잡고 있으며 곡교천에 체육, 문화, 여가 등을 레저관광으로 발전할 수 있는 환경을 조성하여 염치읍이 가진 풍부한 자연자원과 레저 관광자원의 중요성을 모두 발견할 수 있는 전환점을 마련할 필요가 있다.

수변공간을 단순한 관광시설로 조성하는 것뿐만 아니라 주변의 문화, 생태계와 연계한 수변공간을 개발하여 염치읍의 특성을 활용한 자연·문화, 레저, 생활공간으로 조성하여 현재 증가 추세를 보이는 수상 레저. 문화 활동 수요를 충족 시켜 줌으로써 선진국형 여가 및 관광문화로 향상시킬 수 있다고 보인다.

자연자원을 활용한 관광과 쉬운 접근성, 관광 활용성, 자연 친화적인 수상 레저활동 등은 삶의 질 향상은 물론 다른 지역 방문객 유인 및 지역 활성화에 도움이 될 것으로 판단된다.

• 도시공원 조성을 통한 염치읍 한우거리 활성화방안

아산시는 문화·역사·자연·지리적으로 높은 가치를 지닌 지역이며 이러한 아산의 중심부에 있는 염치읍은 그 잠재력과 발전가능성이 높다고 할 수 있음. 또한 염치읍에 위치한 한우거리는 이러한 지역적 강점과 오랜 전통을 가지고 좋은 품질, 저렴한 가격으로 음식을 제공한다는 점이 맞물려 소비자의 이목을 끌기 충분하나, 비교적 그 규모가 작고 접근성이 좋지 않아 외래 관광객에게는 물론 주변 지역 사람들에게도 인식되기 어려운 실정이다.

따라서, 아산시와 염치읍이 가지는 관광적 강점을 살리면서 효과적으로 한우거리를 홍보하기 위해 염치읍 내부에 공원을 조성하는 방안을 마련했다.

4.2 기업 연계사례-파라다이스 도고

(1) 소개

충남 아산시 도고면에 위치하고 있는 레저기업 '파라다이스 도고'와의 기업연계 캡스톤 디자인 수업을 다학제 프로그램으로 진행했다. 국제레저관광학과와 건축학과 그리고 파라다이스 도고가 함께하는 다학제 기업연계형 캡스톤 디자인 수업이 처음으로 가동되었다.

기업 담당자와 코디네이터로 참가하는 교수진과의 사전 미팅을 통해 수업 진행에 대한 전체 플랜을 조율하고, 기업이 원하는 프로젝트 성과에 대한 방향성을 청취하는 등 수업 전반에 대한 면밀한 사전조율 그리고 프로젝트 진행과 더불어 수정이 필요한 사항에 대한 조율을 위한 미팅을 계속하는 것으로 방침을 정해 진행했다.

인문사회계열 학과와 공학계열 학과의 특성을 반영한 팀의 효율성을 제고한 팀 빌딩을 학제간 코디네이터 교수진과 조율하여 팀원을 구성하고, 프로젝트의 방향에 대한 전체 오리엔테이션을 진행하여 학생들의 의견을 사전 청취하고, 프로젝트의 전체 방향에 대한 이해도를 높이고자 노력했다.

프로젝트 진행의 수월성과 학생들의 참여도, 모티브를 높이기 위해 기업에서는 포상금과 상품을 제공하는 것으로 프로젝트에 대한 학생들의 참여의식을 고양시키는 방안도 추가 됐다.

기업 담당자의 현장 설명, 현장 확인, 질의 응답 등 현장 탐방과 프로젝트를 위한 다양한 기업 협력이 매우 순조롭게 진행됐다.

2017 기업연계형 캡스톤 디자인 운영 협약서

제 1조(목적) 『선문대학교 국제레저관광학과 교수 안용주』 와(과) 『 (주)파라다이스 도고 』 는(은) 선문대학교 학생의 산업체 교육에 대한 기여 및 학생에게 창의·융합적인 마인드를 고취시킬 수 있는 2017년도 기업연계형 캡스톤 디자인 운영 협약을 체결한다.

제 2조(협력의 내용 및 범위) 『 (주)파라다이스 도고 』 와(과) 『선문대학교 국제레저관광학과 교수 안용주』는(은) 상호 신뢰 하에 다음 각 호의 "업무"에 대하여 적극적으로 협력하기로 한다.

1. **(주)파라다이스 도고**는「기업연계형 캡스톤 디자인」을 운영을 위한 산업체-교수-학생 간 과제도출 및 학생 연구지도에 적극 참여한다.
2. **국제레저관광학과 교수 안용주**은 「기업연계형 캡스톤디자인」의 효율적 운영을 위하여 산업체의 의견을 적극 수렴하고 수업에 반영하며, 학생들의 팀별 과제 수행이 그 성과를 낼 수 있도록 충실히 지도한다.
3. 본 협약에 의해 운영되는「기업연계형 캡스톤디자인」의 주요사항은 다음과 같다.

교과목명	지도 교수	지도 기간	팀명	기업제시주제
관광취업전략	안용주	2017.8.26.-2017.12.20	1조 4조	파라다이스 도고의 발전방향과 발전전략
창업실무	윤○○	2017.8.26.-2017.12.20	2조 5조	
건축기획과 개발	김○○	2017.8.26.-2017.12.20	3조 6조	

제 3조(기본 운영원칙) 양 기관은 상호 협력함에 있어 당해 기관의 제규정을 준수하고 상호 호혜적인 기반위에서 교류 및 협력관계를 유지한다.

제 5조(협의조정) 본 협약에서 규정하지 아니한 사항이나, 협약 내용을 변경하고자 하는 경우에는 양 기관의 협의에 의한다.

제 6조(기밀유지) 양 기관은 상호 연구 및 교류를 통해 인지된 제반사항을 상대 기관의 동의 없이 제 3자에게 제공하거나 타인과 공동으로 활용할 수 없다.

제 4조(협약의 효력) 이 협약은 국제레저관광학과 교수 안용주, **「(주)파라다이스 도고」**의 대표자**이(가)** 서명한 날로부터 발생한다.

이 "협약"의 체결을 증명하기 위하여 협약서 2부를 작성하여 서명·날인한 후 각 1부씩 보관하기로 한다.

2017. 8 . 26 .

(주)파라다이스 도고대표
이 ○ ○

선문대학교
국제레저관광학과
교수 안 용주

그림 7 | MOU 협약서

愛天 愛人 愛國

선 문 대 학 교

수신자 수신자참조

(경유)

제목 2017-2 캡스톤디자인 프로젝트 발표회 참석 요청

1. 귀 사의 무궁한 발전을 기원합니다.

2. ㈜파라다이스 도고와 선문대학교 국제레저관광학과/건축사회환경학부는 산학협력을 통해 「파라다이스 도고 발전방향과 미래전략」 프로젝트를 진행시켜왔습니다. 최종 프로젝트 발표회에 산학협력의 현장을 확인하시고, 평가위원으로 참석해 주실 것을 협조요청합니다.

가. 일 시: 2017.12.20.(수) 15:30~18:30

나. 장 소: 선문대학교 아산캠퍼스 본관606호 국제회의실

다. 지도교수: 안용주,김 ,윤 . 끝.

선문대학교총장

수신자 윤 (충남도 문화복지 부위원장), 김 (한국관광공사 대전/충남 지사장), 이 상무(파라다이스도고), 이 (아산시 문화관광과장)

★㈜총장사무원 12/12 김 국제레저관광학과장 12/12 임 글로벌비즈니스대학장 12/13 권

협조자 팀장 12/13 이

시행 국제레저관광학과 (2017.12.13.) 접수 ( )

전화 041-530- / FAX 041-530- / E-mail @sunmoon.ac.kr

그림 8 | 초청장 공문

일요신문 realtime news media

인쇄하기 취소

선문대 LINC+ 사업단, 기업연계 캡스톤디자인 프로젝트 '호응'

온라인 기사 2017년12월22일 11시09분

[아산=일요신문] 박하늘 기자 = 선문대학교 LINC+ 사업단(단장 윤기용)이 주관하고 선문대 건축사회환경학부가 주최한 '국제레저관광학과 캡스톤디자인(창의적 종합 설계) 프로젝트' 발표대회가 지난 20일 개최됐다.

선문대 LINC+ 사업단은 학생의 실무능력 제고를 위해 기업과 연계한 캡스톤디자인 프로젝트를 실시하고 있다.

올해는 아산시의 관광명소 '파라다이스 스파 도고'를 주제로 진행됐으며, 이번 대회에서 '파라다이스 스파 도고 확장사업에 대한 컨텐츠 개발(3조 조장 오동민)'이 가장 높은 점수를 받아 우승을 차지했다.

이번 대회를 통해 프로젝트에 참여한 일부 학생이 파라다이스 도고에 취업이 확정됐으며, 파라다이스 도고는 학생들의 아이디어를 실제 사업에 적용할 계획이다.

선문대 윤기용 LINC+ 사업단장은 "학생들이 이번 발표회를 통해 우리 지역의 관광지 활성화 방안을 다양한 아이디어로 펼쳐내 기쁘다, 이 과정과 결과가 실현되어 지역경제 활성화와 지역발전으로 이어지길 바란다"고 말했다.

그림 9 | 보도자료

Chapter

2

캡스톤디자인 Tool Box

1. 액션러닝
2. 디자인싱킹
3. 캡스톤디자인 수업에
   디자인 싱킹과 액션러닝 접목하기
4. 팀빌딩
5. 아이디어 도출
6. 팀 내 의사결정
7. 팀 커뮤니케이션
8. 성찰
9. 참고문헌 및 주석 다는 방법

Chapter

02

캡스톤디자인 Tool Box

제1장

액션러닝

1.1 개요

액션러닝(Action Learning)은 문제 해결을 위한 접근방식의 하나로, '현실에서 발생한 문제의 해결책을 팀 차원에서 고민함으로서 보다 깊은 성찰을 할 수 있게 하는 수업'이다. 참가자가 자율적으로 생각하고 행동하면서 학습하기 때문에 개인의 능력을 개발할 수 있는 장점이 있어 세계적으로 기업 및 대학 등의 조직에서 이 시스템을 도입하고 있다.

이 방법은 문제 해결 프로세스를 개선하고, 팀에서 개발한 솔루션을 단순화하는데 도움이 된다[15]. 액션러닝의 이론과 인식론적 입장에 대해서는 원래 Reg Revans(1982)가

15) Reynolds, M. (2011) "Reflective Practice: Origins and Interpretations". Action Learning: Research and Practice, 8(1), 5-13, Revans, R. W. (1998) ABC of action learning. London: Lemos and Crane

개발했고, 그는 조직 및 비즈니스 개발 이니셔티브를 지원하고 문제 해결 노력을 개선하기 위한 방법으로 이 이론을 적용했다. 행동학습은 개인의 리더십과 팀 문제 해결에 매우 효과적인 것으로 입증[16]되었기 때문에 기업 및 조직 리더십 개발 프로그램의 구성요소가 되었다. 이 전략은 일반적은 '모든 것에 부합하는' 교육 및 개발프로그램의 커리큘럼과는 다른 특성을 가지고 있다.

액션러닝 과정에는 다음과 같은 내용을 포함한다.

① 매우 중요하면서 심각한 그리고 일반적으로 복잡한 실제 문제

② 다양한 문제해결 팀 혹은 세트(set)

③ 호기심과 탐구, 반성 등을 촉진시키는 과정

④ 말을 행동으로 전환하고 궁극적으로 해결책과 학습에 대한 헌신 요구 등

(1) 액션러닝기반 질문(Action-based learning question)

액션러닝 기반 질문[17]은 액션러닝의 접근 방식에 기반한 질문을 통해 실제 문제를 해결하는데, 여기에는 '열린 질문(open question)과 닫힌 질문(closed question)'의 두 가지 유형이 있다. 닫힌 질문은 응답자가 '예' '아니오'로 대답하게 하는 사고를 한정짓는 질문인 반면 열린 질문은 응답자가 보다 확장된 답변을 생각할 수 있도록 하는 질문 방식이다.

효과적인 액션러닝의 핵심 중 하나가 '적절한 질문'을 던지는 것이다. 일반적으로 질문의 목적은 '정보 취득'에 있지만, 액션러닝에서의 열린 질문은 다음 중 하나 이상을 수행하도록 돕는다.

① 더 깊이 생각하고 사고(思考)하기

② 새로운 옵션과 관점 탐색하기

③ 더 나은 선택과 결정을 내리기 위해 성찰(省察)하기

---

16) Michael Marquardt, Ng Choon Seng, and Helen Goodson. (2010). "Team Development via Action Learning", Advances in Developing Human Resources, SAGE Publications, pp. 241-255

17) Thalheimer, W. (2003, January). The learning benefits of questions. Retrieved 12 September 2015

1.2 질문 유형

(1) 닫힌 질문(closed question)

닫힌 질문은 응답자가 더 많은 응답에 대해 생각할 수 있는 기회를 제공하지 않는다. “예” 또는 “아니요”처럼 한정된 선택 목록에서 답변을 선택하도록 하는 것이다. 그렇지만 닫힌 질문이 반드시 단순한 질문만 해당한다고 생각하면 안된다. 난이도에 따라 매우 다양하게 응답자의 사고를 자극할 수 있다.

닫힌 질문 주로 ‘사실제공, 질문자의 대화 제어권 유지, 대화시작’등에서 사용된다.

(2) 열린질문

열린질문은 응답자에게 다양한 답변을 사고할 수 있기 때문에 정해진 정답은 없다. 이런 질문은 응답자로 하여금 새로운 아이디어를 발견하게 하고, 다양한 가능성을 고려하면서 자기에게 적합한 행동과정을 결정할 수 있는 자유를 누릴 수 있다. 열린 질문이 반드시 길 필요는 없으나 질문이 짧으면 무례한 것으로 인식되는 경우도 있다. 그러나 열린질문의 목적은 ‘도전적인 질문 옥은 응답자의 관점에 도전’하기 위함이다.

열린질문은 ‘개인의 의견과 감정에 대한 토론을 장려하고자 할 때, 생각과 성찰, 응답자에게 대화 제어권을 주고자 할 때, 닫힌 질문(closed question)을 확장하고자 할 때, 깊이 있는 상황 인식을 돕고자 할 때, 개인적으로 더 많은 것을 학습하도록 돕고자 할 때’ 등에 사용한다.

1.3 액션러닝 프로세스

(1) 액션러닝의 구성요소와 흐름

액션러닝은 영국의 물리학자 레반스가 1930년대에 팀에 의한 문제해결을 위해 고안된 방법이다. 레반스는 전문 지식을 넣는 것 만으로는 실천적인 학습을 얻을 수 없다며 강의중심 학습방법을 비판하면서, 제2차대전이 끝난 후에 탄광노동자에 대한 교육과

훈련에 종사했던 경험을 통해 '팀으로 어떤 일을 할 때, 사람은 보다 효과적으로 학습할 수 있다'는 액션러닝의 기초를 확립했다고 한다.

액션러닝은 다음 6가지의 구성요소를 가지고 있다.

① 문제

액션러닝에서 취급하는 문제는 '개인과 조직에 있어 매우 중요하고, 긴급성을 요'하는 경우가 많다. 개인문제냐 조직문제냐에 따라 취급방법이 달라진다.

개인문제를 취급하는 경우

- 멀티플 문제 어프로치로 대응
- 멤버가 가져온 복수의 과제에 대해 팀으로 대응하는 방법
- 멤버선출은, 자천 타천 상관없이 과제를 가져온 멤버가 문제제시자가 되어 해결책을 실행

조직문제를 취급하는 경우

- 싱글 문제 어프로치로 대응
- 조직이 문제 제시자가 되고 멤버를 선출
- 팀 전체가 해결책을 작성하고 실행

② 팀

팀의 인원수는 4~8명이 적절하고, 적어도 팀의 1명은 문제 배경과 상황을 이해하고 있을 필요가 있다. 그 외 멤버는 전문성보다 다양성을 중시해서 선발하는 것이 좋다.

③ 질문과 리플랙션

액션러닝의 세션(대화의 장)은 질문을 중심으로 진행한다. 의견 제시는 질문에 대답할 때만으로 한정하고, 리플랙션(성찰) 시간에는 세션이 잘 진행되고 있는지에 대해 반추해 보고 자신과 다른 멤버의 의견을 객관적으로 검토한다.

④ 문제해결 권한

세션에 참가하는 모든 멤버는 문제해결을 위해 노력할 책임이 있다는 것을 자각해야 한다. 따라서, 문제 해결책을 실행할 수 있는 권한 또한 모든 멤버에게 부여돼야 한다.

⑤ 학습중요성을 인식하는 책임

모든 멤버는 학습의 중요성을 인식할 책임성을 가져야 할 필요가 있다. 또한, 질문과 리플랙션에 적극적인 참여하고자 하는 의식을 가져야 한다.

⑥ 코치

세션을 진행하기 위한 진행역할과 정리역할을 할 코치가 필요하다. 코치 역할은 세션별로 멤버 중에서 순번으로 받을 수도 있고, 외부인을 영입하는 방법도 사용 가능하다.

코치 역할

- 담당한 세션의 문제 해결에는 직접 관여하지 않음
- 모든 멤버가 세션에 집중할 수 있도록 학습에 관련된 질문을 던짐
- 세션을 진행하고, 시간을 관리

코치의 두 가지 룰

- 질문을 중심으로 진행 : 의견 제시는 질문에 답할 때만으로 한정. 멤버 전원에게 질문 의무를 부여함으로서 다른 멤버의 의견에 귀를 기울이도록 하고, 특정 멤버에 의한 대화 독점 방지
- 코치는 언제든지 개입가능 : 코치는 필요하다고 판단될 때 언제라도 개입하고, 멤버는 코치 질문에 반드시 답변하기

(2) 프로세스의 흐름

액션러닝은 다음과 같은 흐름으로 진행한다.

그림 10 | 액션러닝 프로세스

액션러닝은 다양한 멤버에 의한 팀 학습이다. 신입사원에게 업무를 통해 지식과 스킬을 전달하는 OJT(On The Job Training)같은 개인학습이 아니라 실제로 일어나고 있는 중요한 문제를 취급하기 때문에 실무와 거리가 있는 일반적인 업무지식인 OFF-JT(Off The Job Training)같은 집단연수에 비해 '현장에서 실천할 수 있는 일'을 효율적으로 배울 수 있다.

(3) 액션러닝의 효과

액션러닝을 진행함으로서 다음과 같은 효과를 가져올 수 있다. 액션러닝을 통해 얻어질 수 있는 효과에 대해 살펴본다.

① 효율적으로 문제해결책을 만들어 낼 수 있음

액션러닝에서는 다양한 멤버가 질문을 거듭함으로서 문제점을 명확하게 함으로서, 해결방법을 찾아낸다. 따라서 같은 부서의 멤버만으로 구성된 통상적인 미팅에서는 찾을 수 없는 '신선한 시점'이 생성되기 쉬운 환경이 된다.

② 리더십 육성 가능

리더십은 목표달성을 위해 주변과 커뮤니케이션을 하거나 주체적으로 행동할 수 있는 능력을 말한다. 관리직 뿐만 아니라 조직의 모든 멤버에게 성과를 올리기 위해 반드시 필요한 재능이다.

액션러닝에서는 문제해결을 위해 멤버 전원이 함께 생각하고 행동하는 경험을 축적함으로서 리더십에 필요한 '커뮤니케이션 능력과 주체성'을 연마할 수 있다.

③ 팀 빌딩 실현 가능

팀 빌딩(Team Building)이란 멤버가 공통의 목표를 향해서 스킬과 경험을 주체적으로 발휘할 수 있는 조직을 만드는 것이다. 액션러닝을 이용하면 혼자서 씨름하기 쉬운 문제도 해결을 위해 다른 사람들과 자연스럽게 상호 협력하는 분위기를 만들어 낼 수 있다.

④ 학습조직 구축 가능

'학습조직'이라 함은 각 멤버가 새로운 지식과 기능을 습득하는 강한 의욕이 있는 조직을 말한다.

"사람들이 끊임없이 능력을 신장하고, 마음으로부터 원하는 결과를 실현시킬 수 있는 조직, 혁신적이며 발전적인 사고패턴이 성장하는 조직, 공통의 목표를 향해 자유롭게 날갯짓하는 조직, 공공으로 배우는 방법을 끊임없이 학습하는 조직[18]"이다.

⑤ 개인의 능력개발

액션러닝을 통해 개발할 수 있는 스킬은 다음과 같다.

- 질문과 답변을 통한 '질문하는 힘'
- 질문을 위해 타인의 의견을 주의 깊게 듣는 '경청하는 힘'
- 다양한 멤버와 팀을 형성, 역지사지의 '공감하는 힘'
- 다른 멤버의 생각을 통해 '사고하는 힘'
- 질문과 성찰 반복을 통한 '생각이 확장되는 힘'

(4) 액션러닝 실천 : 멀티플 문제 어프로치 프로세스

① 코치 설정

세션 시작 전에 누가 코치를 맡을 것인가 결정한다.

② 두 가지 기본 룰 확인

코치가 된 사람은 세션은 '질문을 중심으로' '코치는 언제든지 개입 가능'이라는 두 가지 룰을 모든 멤버에게 확인시켜 둔다.

③ 팀의 규범 설정

팀의 규범 설정(팀 규범은 세션마다 설정 가능)을 한다.

사례

- 수비(守秘)의무 : 세션내용에 대해 함구하고, 진심을 말해도 안전하게 느낄 수 있는 환경 조성
- 커미트먼트(헌신, 책무) : 세션에 집중해서 적극적으로 참가
- 공유와 서포트 : 문제를 팀 전체에게 공유하고 상호 서포트
- 평등과 존중 : 각자의 입장에 얽매이지 않는 평등한 관계를 구축하고, 서로 존중하기
- 경청과 빈성 . 타인의 의견을 잘 듣고 생각과 빈추하기
- 과제 자체에 주의 : 목적은 결국 문제를 해결하는 것

---

18) 피터·M·센게『최강조직의 법칙 신시대의 팀워크란 무엇인가?』

④ 문제 제시

세션에서 취급할 문제를 제시한 멤버는 '문제 제시자'가 되고, 코치는 문제 제시자에게 2~3분 내에서 설명을 요구한다.

⑤ 문제를 명확하게

모든 멤버는 문제의 명확성을 기하기 위한 질문을 계속한다. 유도적인 질문이나 심문하는 듯한 질문이 아니라 문제를 보다 깊게 파 내려가기 위한 질문방식을 사용하는 것이 중요하다. 질문사용 기법으로는 다음과 같은 기법을 채용한다.

- 열린질문
- 과감한 질문
- 명확성을 높이기 위한 질문

⑥ 중간에 반성시간 설정

질문이 어느정도 나왔다고 생각하면 코치가 개입해서 지금까지의 상황에 대한 반성을 촉구한다. 단, 코치는 토론 내용에 대해서는 직접적인 관여보다 '질문하기 쉬운 상황' 등 세션 분위기를 배려하는데 노력한다.

⑦ 문제에 대한 재정의

문제 제시자를 포함하여 멤버 전원이 '실질적인 문제점이 무엇인가?'에 대해 각자 종이에 써서 순서대로 발표한다. 문제에 대한 재정의란 연구방향 혹은 논의의 방향이 올바르게 가고 있는지에 대한 중간점검이라고 생각하면 좋다.

⑧ 목표 설정

재정의된 문제를 전원이 공유하고, 그에 대한 문제 해결책을 찾기 위한 질문을 계속 수행한다.

⑨ 행동계획 작성과 전원의 서포트를 유발

문제 제시자는 문제 해결을 위한 행동계획을 작성한다. 멤버 전원의 동의를 받으면 각 멤버는 자신이 당사자로서 협력 가능한 일에 대해 발표하도록 한다.

⑩ 전체 성찰

마지막으로 5~10분 정도 성찰을 진행하고 세션 전체를 되돌아 본다. 전체를 성찰한다는 것은 진행한 논의 전체에 대해 가감없는 솔직한 의견을 서로 이야기하도록 한다.

(5) 액션러닝 정리

- 액션러닝 흐름도

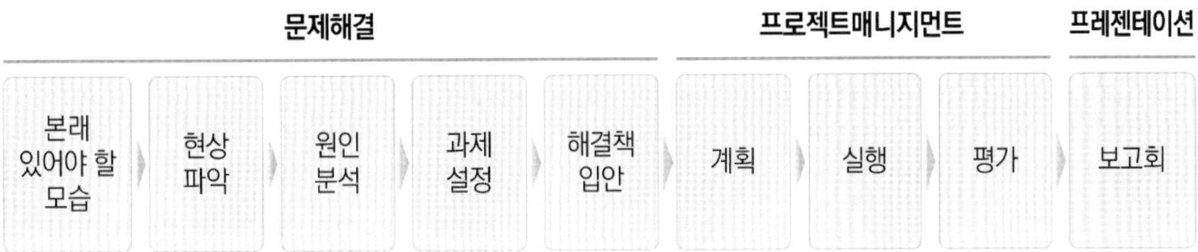

그림 11 | 액션러닝 플로우차트

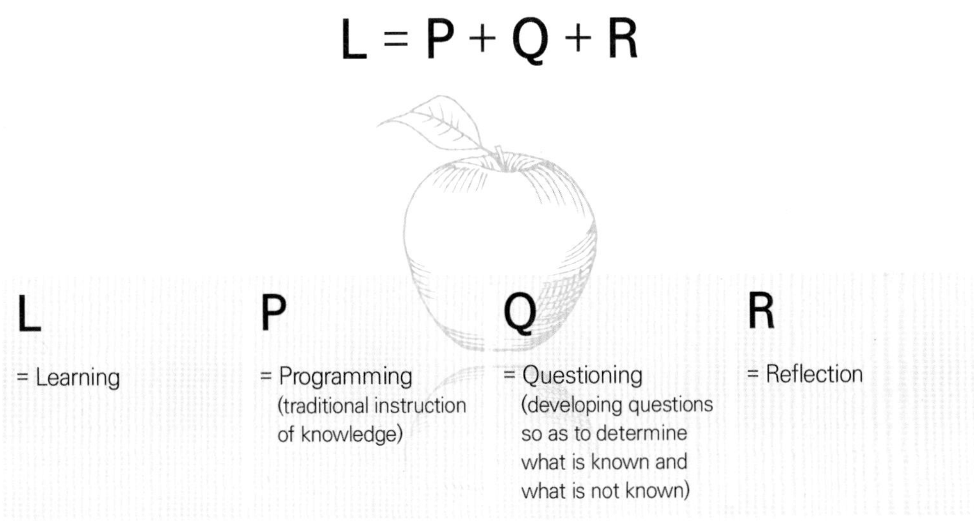

그림 12 | 액션러닝 방정식

제2장

디자인싱킹

2.1 개요

일반적으로 디자인(design)이라는 용어에서 그림이나 미술을 떠올리게 된다. 그러나 디자인이라는 용어는 '(상품 혹은 건축물 등을)설계(도안)하는 행위'를 가리키는 말이다. 따라서 디자인 싱킹(Design Thinking)은 '문제 해결을 유도하기 위해 사용하는 마인드 세트'라고 이해하면 된다. 디자인(설계 및 도안)을 할 때 사용하는 사고방식을 다양한 비즈니스 장면에 응용하도록 하는 방법이다. 여기서의 디자인은 "설계" 혹은 "기획"으로 이해하고 디자인 싱킹을 이용하면 단시간에 시행착오를 반복해 봄으로서 상품의 발매 후에 생길 수 있는 실패를 회피할 수 있기도 하고, 장기적으로 코스트 절감으로 이어지게 된다.

디자인 싱킹은 팀이 유저를 이해하면서 '가정(假定)에의 도전, 문제에 대한 재정의, 프로토 타입 및 테스트를 위한 혁신적인 솔루션'을 만드는데 사용하는 비선형 반복 프로세스다. 여기에는 공감(empathize), 정의(define), 아이디어(ideate), 프로토 타입(prototype), 테스트(test)의 다섯 단계를 포함시켜 문제를 해결한다.

Google, Apple, Airbnb와 같은 세계에서 유명한 기업이 디자인 싱킹을 채용하고 있는데, 현대처럼 전자제품이나 애프리케이션 등이 점점 코모디티화[19)]되어 가면서 그 사용이나 기능에 현격한 차이가 없는 상황이 되어 버렸다. 이런 상황에서는 '전혀 새로운 발명'보다 '사용하기 쉬운 편의성의 부가가치'를 높이는 것이 차별화 포인트가 되었다. 즉, 디자인 싱킹은 새로운 발명보다 개선점을 찾는데 장점이 있는 특성이 있기 때문에, 주로 타사 제품과의 차별화를 끌어 내는데 목표를 둔다.

---

19) commodity화 : 상품과 상품사이에 기능과 품질의 차이가 크지 않게 되고 어떤 제품을 사더라도 거의 차이가 없는 상황. 범용화

2.2 디자인싱킹 프로세스

(1) 디자인 싱킹 5단계

스탠포드의 Hasso Plattner Institute of Design(일명 d.school)은 디자인 싱킹의 5단계 프로세스에 대해 다음과 같이 설명하고 있다.

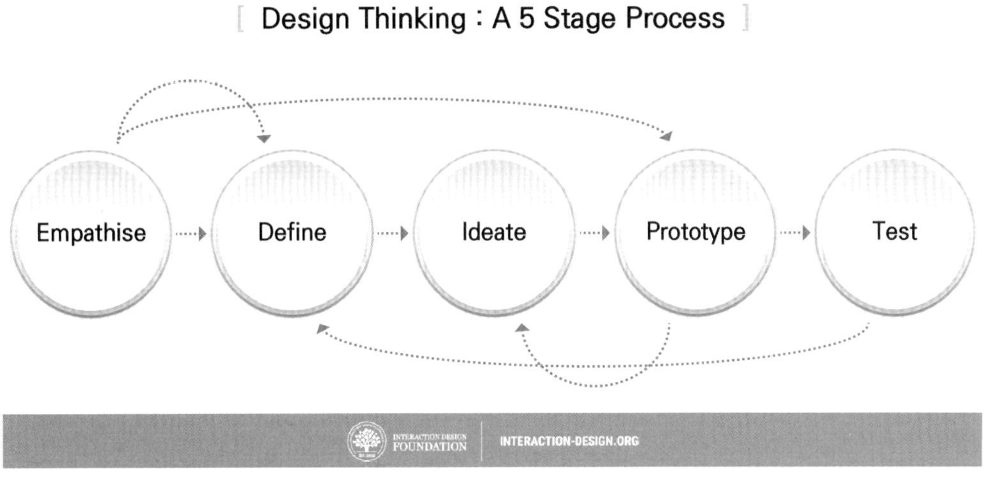

그림 13 | Design Thinking
출처 : Interaction Design Foundation

디자인 씽킹의 프로세스는 다음과 같이 이루어진다.

① Stage 1 : Empathize(공감)

Research Your Users' Needs(타겟을 관찰하고, 공감하기)

디자인 싱킹의 제1단계는 무엇보다 '유저의 시선'으로 사물을 바라보고 그 심리를 이해하고 공감함으로서 유저들이 찾고 있는 니즈를 발견할 수 있다.

구분	내용
방법	• 제품을 직접 유저에게 사용해보도록 하는 유저테스트, 가설검증형의 유저 인터뷰 등을 사용 • 제품을 사용할 유저 대상을 익스트림 유저(극단적인 유저)를 선택해서 인터뷰나 테스트 요청
용례	• 스포츠 용품을 프로선수와 완전 초보자에게 동시에 사용하게 함으로서 대부분의 유저한테서는 얻을 수 없는 불만점을 찾아낼 수 있다.

② Stage 2 : Define(정의)

State Your Users' Needs and Problems
(문제의 본질을 발견하고 정의하기)

'공감'을 통해 발견한 니즈나 문제를 심도있게 고찰함으로서 잠재적인 불만이나 과제를 명확하게 한다.

유저의 목소리를 있는 그대로 받아 들이는 것이 아니라, 유저의 컴플레인으로부터 근본적인 불만이나 과제를 발견하고 정의하는 것이 매우 중요한 포인트다.

③ Stage 3 : Ideate(창조)

Challenge Assumptions and Create Ideas
(유저가 안고 있는 과제에 어프로치 가능한 아이디어를 다각적으로 고민하는 단계)

"think outside the box"

브레인 스토밍 혹은 브레인 라이팅같은 방법을 통해 실현가능성이나 고정관념에서 벗어나, 자유롭게 의견교환이나 아이디어 제시한다. 또한, 제시된 아이디어를 정리하기 위해서는 마인드 맵 방법을 사용하면 매우 편리하게 아이디어를 정리할 수 있다.

일정 아이디어가 모이면 2단계 '정의'에서 확정한 과제를 참고로 아이디어를 선정하도록 한다.

④ Stage 4 : Prototype(시제품)

Start to Create Solutions
(시제품 생성)

어디까지나 실험단계라는 인식이 필요하다. 또한, 구현된 프로토타입을 통해 팀 멤버끼리 이미지를 공유함으로서 인식의 갭이 발생하는 것을 방지할 수 있다.

구현된 아이디어가 문제의 본질을 해결할 수 있는지에 대한 TAE(Try And Error, 시행착오) 반복을 통해 검증하는 것이 또한 중요하다. 프로토타입은 종이를 사용해서 간단한 제품을 만들어 보거나 디자인 만을 모형으로 만들어 보는 것도 가능하다.

⑤ **Stage 5 : Test(검증)**

Try Your Solutions Out
(검증과 피드백)

최종 단계인 검증과 피드백을 통해 솔루션을 시도하는 단계다. 유저에게 시제품 사용을 요청하고 피드백과 사용 중 관찰을 통해 얻어진 정보를 기초로 과제해결이나 목적이 달성되었는지를 검증하는 일이다. 검증결과 새로운 과제가 발견된 경우에는 이전 단계로 돌아가 추가 반복, 변경 및 개선을 수행하여 대체 솔루션 찾기를 반복한다.

2.3 디자인싱킹 적용 사례

(1) 일본 : 슌소쿠(瞬足)

목표(Task)	관찰(Define)	해결책(Ideate)	검증(Test)
아키레스주식회사에서 개발한 '슌소쿠'는 "키즈 슈즈의 달리기왕"이라 불릴 수 있는 어린이가 빨리 달릴 수 있는 운동화를 목표로 개발된 운동화	• 개발당시 초등학교 운동회에 스탭이 모두 출동해서, 실제로 어린이들이 어떻게 달리는지, 어떻게 운동화를 신는지 등을 관찰 • 그 결과 운동장의 육상트랙 왼쪽으로 돈다는 사실과 코너에서 넘어지는 어린이들이 많다는 사실을 발견	좌우가 비대칭인 솔[20]을 개발	유저의 니즈를 관찰한 것이 획기적인 제품을 만들어 냄

20) sole, 신발의 밑 부분, 구두 창

(2) 일본 : Wii

목표(Task)	관찰(Define)	해결책(Ideate)	검증(Test)
게임을 즐기는 아이와 부모와의 관계 개선	• 닌텐도(任天堂) 게임개발회사는 자기 회사 직원의 가정을 관찰 • 게임에 푹 빠진 아이와 부모와의 관계가 악화된다는 사실을 발견 • 아이가 리빙룸에 체재하는 시간이 짧다진다는 사실 발견	가족이 즐길 수 있고, 가족관계를 개선할 수 있는 게임기 만들기 컨셉 결정	• 수 많은 디자인 싱킹 프로세스 반복을 통해 1천번 이상의 프로토타입 제작 • 가족친화형 게임기로 정착

(2) 독일 : 브라운 전동칫솔

목표(Task)	관찰(Define)	해결책(Ideate)	검증(Test)	
유저 중심 제품 만들기	• 전용충전기를 가지고 다니거나 사용해야 하는 것이 불편하다는 불만 • 교체용 카드리지를 잘 잊어버려서 사용하기 불편하다는 불만	• USB로 충전할 수 있는 방안으로 해결책 제시 • 본체와 애플리케이션을 연동시켜서 교환용 브러시의 주문을 자동으로 리마인드 시키는 기능을 추가	• 유저의 불반을 경청함으로서 보다 좋은 제품 개발로 성과를 냄 • 면도기, 제모기, 핸드 블렌더, 전동칫솔, 적외선 귀 체온계 분야에서 세계 1위 시장 점유율 기록	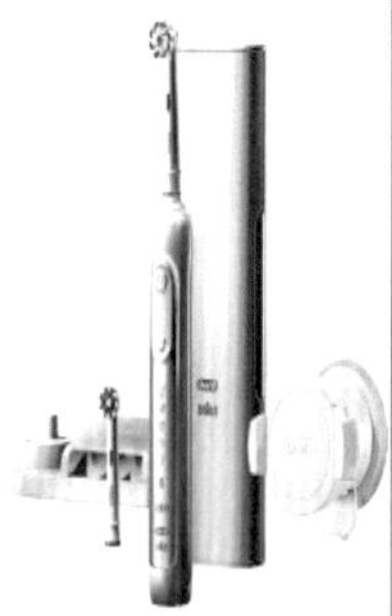

제3장

캡스톤디자인 수업에 디자인 싱킹과 액션러닝 접목하기

3.1 디자인싱킹과 액션러닝의 비교

선행연구에 따르면 디자인 싱킹(Design Thinking)은 1990년대 디자인 컨설팅회사인 IEDO에 의해 고안(Kelley & Littman, 2001)[21]되었고, 최근에 비즈니스 스쿨과 혁신추구 기업의 R&D 부서에서 가장 적합한 대안 창출을 위해 사용자의 욕구(Needs)를 명확히 파악하기 위한 작업에서 중점적으로 사용하고 있다. 디자인 싱킹에서는 사용자와 고객에 초점을 맞추고 다양한 학문 배경을 가진 전문가 팀이 사용자 중심의 관점을 기반으로 복잡한 문제를 해결하고 혁신적인 솔루션을 제안하는데 목적을 두고 있다(Buchanan, 1992; Rittel, 1972).

액션러닝(Action Learning)도 기업문제 해결 기법에 많이 활용되는데, 이는 프로그램에 참여하는 동안 구성원의 역량이 함께 강화되기 때문에 불확실성이 높은 환경을 극복하기 위한 경영혁신도구 및 유용한 방법론으로 알려져 있다(Bong, 2007; Bong, 2010; Kim & Bong, 2010). 가장 대표적인 적용 목적은 리더양성, 조직변화의 도구, 학습조직 정착을 위한 추진 전략으로 활용된다(Dotlich & Noel, 1998; Marsick & O'Neil, 1999).

(1) 디자인 싱킹(Design Thinking)

디자인 싱킹은 독일 소프트웨어 기업 SAP의 하소 플레트너(Hasso Plattner) 회장이 만들고 미국 스탠포드 디 스쿨(d.School)에서 확산시킨 교육프로그램으로, 인간의 필요에 대해 공감(共感)하고, 대중이 인식하지 못하는 잠재적 욕구를 발굴(發掘)해서 프로토타입을 만들고 검증(檢證)하는 과정을 가리킨다. 이는 사람들이 겪는 불편함을 유저 중심의 관점에서 찾아내기 때문에 매우 창의적인 문제해결 방법이라 할 수 있다.

---

21) 박상혁 외3(2016), 사회혁신을 위한 디자인 싱킹과 액션러닝의 통합모형, 벤터창업연구 제11권 제2호(통권44호) 재인용

디자인 싱킹의 대표적 혁신기업인 IDEO는 '소비자가 가치 있게 평가하고, 시장기회를 활용할 수 있고, 기술적으로 적용 가능한 비즈니스 요구를 충족하기 위해 디자이너의 감수성과 작업방식을 이용한 사고방식"이라고 정의했다(Brown, 2008). 또한 이 방법은 외적인 디자인 뿐만 아니라 제품 전체와 개발·기획·마케팅 등의 전반적인 과정에 모두 적용될 수 있음을 강조했다. 플래트너(Plattner, 2011)은 디자인 싱킹 프로세스를 다음과 같은 6단계로 구성된 선형모델[22]로 설명하고, 반드시 이해(Understand)나 공감(共感) 단계부터 순차적으로 수행되어야 한다고 강조했다.

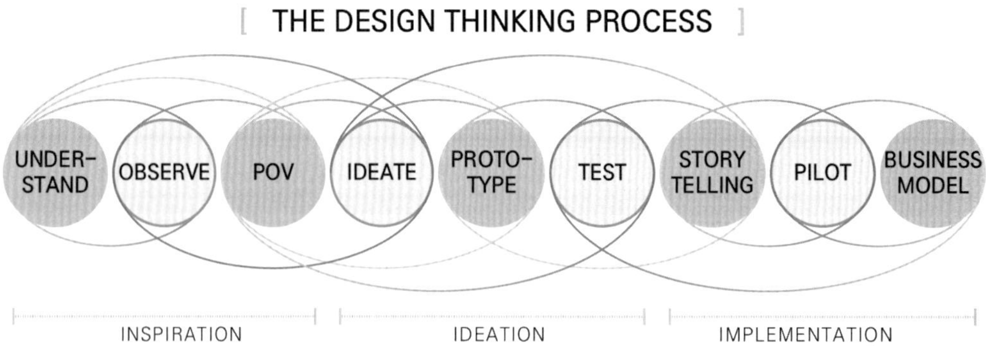

그림 14 | Plattner의 디자인 싱킹 프로세스 모델

(2) 액션러닝(Action Learning)

액션러닝의 창안자에 대한 자료는 명확하지 않지만 이를 방법론으로 정립한 사람은 레그 레반스(Reg Revans)라 할 수 있다. 1940년대 레반스는 영국 탄광산업 연구에 액션러닝을 도입(Jeong, et. al. 2012)했고, 1975년 Amold Weinstock경이 기업교육 차원에서 GE(General Electric)에 적용하여 큰 성과를 내면서 전 세계로 확산하기 시작했다(Jeong, 2015)[23].

표 2 | 액션러닝의 개념 정의

학자	정의
Inglis (1994)	문제 해결을 위해 구성원이 함께 모여, 개인과 조직의 발전을 함께 찾아가는 과정

22) https://www.interaction-design.org/literature/article/design-thinking-a-quick-overview
23) 박상혁 외3(2016), 사회혁신을 위한 디자인 싱킹과 액션러닝의 통합모형, 벤터창업연구 제11권 제2호(통권44호) 재인용

학자	정의
Kang & Park (2013)	산학협력과정에서 창업자 문제해결에 유용한 수단
McGill & Beaty (1992)	목표의식을 공유하고 구성원의 지원을 기반으로 이루어지는 학습과 성찰의 지속적 과정
Marquardt (2000)	소규모 집단이 기업이 직면한 실질적 문제를 해결하는 과정에서 학습이 이루어지고, 그 학습을 통해 각 구성원은 물론 조직 전체에 혜택이 돌아가도록 하는 프로그램
Rothwell (1999)	두 개의 동등한 중요도를 지닌 목적, 즉 조직적인 요구 사항을 충족시키며 개인 또는 집단 개발을 위해 달성되는 즉각적인 학습 경험
Bong & Kim (2000	교육참가자가 소집단을 구성하여 팀워크를 바탕으로 실제의 문제를 정해진 시점까지 해결하는 동시에, 문제해결 과정에 대한 성찰을 통해 학습하도록 지원하는 교육방식
Park et, al. (2010)	소집단을 구성하여 각자 또는 전체가 팀워크를 바탕으로 실패의 위험을 갖는 실제 문제를 정해진 시점까지 해결하도록 하는 동시에 문제해결과정에 대한 성찰을 통해 학습하도록 지원하는 역량개발의 교육방식이며, 학습조직 구축의 기반이 되고, 교육훈련과 조직개발이 혼합된 교육기법

Weinstein(1999)는, 액션러닝의 성공요인을 '과제의 적절성, 학습 팀의 구성, 질문, 성찰, 실천, 러닝 코치 학습자의 자발적 참여, 충분한 시간'등으로 제시했다.

Marquardt(2000)은, '과제의 적절성, 학습팀 구성, 질문, 성찰, 실천, 러닝코치' 등 6가지로 분석[24]했다(Kim, et. al. 2007).

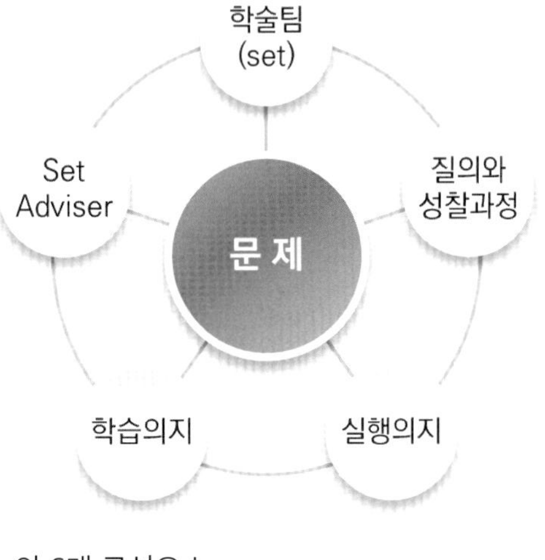

그림 15 | Action Learning의 6대 구성요소

24) Marquardt, 2000, p.55 재구성

(3) 액션러닝과 디자인 싱킹 비교

사안의 문제점을 찾아내고 이를 해결함으로서 혁신을 이루고자 하는 목적은 액션러닝과 디자인 싱킹이 거의 흡사하다고 할 수 있다. 차이점은 과제를 수행함에 있어 어프로치 방법에서 약간의 차별성이 존재한다.

첫째는, 디자인 싱킹이 과제를 정의하는 과정의 중요성을 대단히 강조함으로서 에스노그라피(Ethnography)와 정성조사, 현장데이터 수집 등을 통해 유저 중심으로 세밀한 관찰을 수행 하는데 집중하는데 비해, 액션러닝은 문제정의 과정에 투입하는 시간과 노력이 비교적 짧은 것이 특징이다. 오히려 과제 수행을 위한 팀빌딩 이후 팀원간의 활발한 토론을 통해 문제점을 찾아내고 정의하는 과정을 거치게 된다.

둘째는, 디자인 싱킹은 팀활동의 중요성에 대한 인식이 약하기 때문에 과제 진행과정에서 적절한 해결책을 도출하지 못하고 프로젝트가 중단되는 경우가 발생하기도 한다. 반대로 액션러닝은 팀활동을 중심으로하는 어프로치 방식을 적용하기 때문에 과제 수행을 위한 단계에서의 팀빌딩이 매우 중요하다. 어떤 특성의 멤버들로 팀이 구성되는가에 따라 해결책의 수준이 크게 달라질 수 있기 때문이다. 표를 통해 디자인싱킹 (Design Thinking)과 액션러닝 (Action Learning)에 대해 차이점[25]을 살펴본다.

표 3 | 디자인 싱킹과 액션러닝의 차별점

구분	세부항목	디자인 싱킹	액션러닝
유사점	목표	문제점 발견 및 혁신(Innovation)	
	결과물	문제점에 대한 해결책이나 대안 제시	
차이점	관찰	정교한 질적연구 방법을 통해 심도 있는 관찰 수행	프로세스 내 관찰에 대한 비중이 낮음
	팀빌딩 중요도	낮음	매우 높음
	팀활동	팀 활동의 중요성에 대한 인식이 약함	팀 활동의 중요성을 매우 강조
	과제연구	프로세스 상에 과제에 대한 연구 단계가 없음	과제 연구 프로세스를 별도로 두어 비중 있게 진행

25) 박상혁 외3, 사회 혁신을 위한 디자인 씽킹과 액션러닝의 통합모형 p93. 재구성

3.2 팀 프로젝트를 위한 유사 개념 비교

한국사회가 급속한 산업발전을 이룩한 것은 1980년대로 볼 수 있다. 서울올림픽 (1988년)이 개최되고 국민소득이 치솟으면서 산업발전은 직업의 변화에도 영향을 미쳤다. 시대에 따라 선호하는 직업군이 변화를 가져오기 시작한 것이다. 직업에 대한 선호도 뿐만 아니라 기업에 대한 선호도도 토요일 휴무가 본격적으로 시작되면서 워라벨(work life balance)개념이 대두되고 대기업 위주였던 이전의 선호기준과 많이 달라진 것을 알 수 있다. 직장 또한 평생직장 개념에서 삶을 위한 최소한의 영역으로 직장에 대한 관점이 변화하고 있다. 한 통계조사에 따르면 현세대는 직장을 다니는 동안 평균 4.5회 직업(직장)을 바꾼다는 통계도 나온다.

4차산업혁명이 대두되면서 경영부분에도 급격한 변화가 요구되고 있고 특히 인적자원 개발과 역량강화에 관심이 쏠리고 있다. 2019년에 발생한 코로나19는 지구촌의 삶의 모습을 여지없이 바꿔 놓았고, 비일상이 일상이 되어버린 뉴노멀 시대를 개막시켰다. 대면을 통해 이루어지던 수 많은 비즈니스가 비대면에서 일어나는 언텍트시대가 성큼 도래한 것도 이 때문이다. 이처럼 급격하게 변화하는 비즈니스환경과 경영환경에 적응하기 위해서는 지속적인 학습을 통한 개인과 기업의 역량강화라 하겠다.

기업의 능력은 조직원의 역량에서 비롯된다는 데에 이의가 없을 것이다. 조직 구성원의 역량강화를 위해서 대학도 기업도 다양한 교육프로그램을 시도했고, 디자인 싱킹(Design Thinking), 액션러닝(Action Learning) 등도 그 중의 한 방법으로 활용되고 있다. 이와 유사한 프로그램으로는 태스크포스(Taskforce), 품질분임조(Quality Circles), 시뮬레이션(Simulation), 문제해결학습(Problem Based Learning) 등이 있다. 액션러닝과 유사 개념과의 비교[26)]를 통해 유사점과 차이점을 살펴본다.

표 4 | 액션러닝과 유사개념과의 비교

구분	목적	학습방법	기타
태스크포스 (Taskforce)	• 실제 상황에서의 특정과업/문제에 초점을 둠	• 우연적 학습	• 해결책을 실행할 권한이 상급자에게 있음
품질분임조 (Quality Circles)	• 실제 상황에서의 품질향상 과제/문제에 초점을 둠	• 우연적 학습	• 해결책을 실행할 권한이 상급자에게 있음

26) Marquardt, 1999; Rothwell, 1999

구분	목적	학습방법	기타
시뮬레이션 (Simulation)	• 가상의 사례를 다룸	• 의도적 학습	• 해결책에 대한 결과 및 책임이 따르지 않음 • 해결책의 타당성을 검증할 기회 없음
문제해결학습 (Problem-based Learning)	• 실제 및 가상의 문제를 다룸	• 의도적 학습	• 해결책에 대한 결과 및 책임이 따르지 않음 • 해결책의 타당성을 검증할 기회 없음
액션러닝 (Action Learning)	• 실제 직면한 비즈니스 이슈의 발견과 이의 해결을 통한 환경적, 시스템적 요소에 초점을 둠	• 학습자 주도적 학습 • 의도적 학습	• 해결책의 실제적용을 통한 결과의 확인 및 이에 대한 성찰을 통해 학습이 이루어짐 • 개인개발과 조직개발에 초점을 둠

3.3 캡스톤 디자인수업에 디자인 싱킹과 액션러닝 접목하기

(1) 캡스톤 디자인 수업 실례

캡스톤 디자인 수업의 진행은 디자인 싱킹이나 액션러닝의 어프로치 방법과 유사한 점이 많다. 일단 팀 프로젝트로 진행된다는 점, PBL(Project Based Learning)로 진행된다는 점, 과제(주제)를 발굴하고 성과물을 창출한다는 점, 학생들이 주도적으로 과제를 수행하고 토론을 거쳐 결과물을 창출한다는 점, 검증(평가)절차를 거친다는 점 등에서 매우 유사하다.

그림 16 | 캡스톤 디자인 수업 흐름도

〈표 3〉 디자인 싱킹과 액션러닝의 차별점'에서 보듯이 '목표'와 '결과물'에 대한 부분은 캡스톤 디자인 수업과 매우 흡사하다. 전후(前後)가 달라지거나 강조하는 부분이 달라질 수는 있지만 스스로 문제점을 발견하고 그에 대한 해결책이나 대안을 제시한다는 점에서 동일한 어프로치 방법이라고 하겠다. 다만, 캡스톤 디자인 수업이 디자인 싱킹 어프로치에 비해 액션러닝에 좀 더 가까운 개념인 이유는 '팀 활동' 중심이라는 점이다. 팀 멤버 전원이 과제해결을 위해 대안제시 등 상호작용을 해야 하기 때문에 어떤 멤버가 팀으로 구성되는가에 따라 결과물의 성과가 매우 달라질 수 있기 때문에 '팀빌딩'이 매우 중요한 의미를 갖는다.

(2) 캡스톤 디자인 수행 단계

① 1 단계 : 관심분야 발굴

관심분야를 발굴하는 것은 캡스톤 디자인의 목적을 찾는 것과 같다. 경우에 따라서는 기업과 공동으로 진행하는 경우에는 기업에서 과제를 지정하기도 하지만, 일반적으로는 학생들이 직접 관심분야를 발굴해서 진행한다.

참고

- 관심분야는 본인 전공분야와의 관련성을 염두에 두고 선정
- 미래 졸업 후 진로와의 관련성 적합성을 고려
- 캡스톤 디자인 결과물은 취업 포트폴리오로 활용하게 됨
- 첫 시간에 캡스톤 수업에 관한 오리엔테이션과 주제 제안서 작성 과제 발주

표 5 | 캡스톤디자인 주제 제안서

제안자 성명	소속	E-mail	전화번호
주제			
제안 주제의 목적 및 내용			
기대효과			

② 2 단계 : 팀 빌딩

캡스톤 디자인 수업은 보통 팀으로 과제를 수행하기 때문에 팀을 구성하는 것이 매우 중요하다. 가능하면 관심분야에 열정이 있는 팀원을 모집하거나 신청을 받아서 구성하는 방법을 쓴다. 교수자가 일방적으로 팀멤버를 정하는 것은 피한다.

참고

- 결과물은 팀 멤버를 어떻게 구성하는가에 성패가 달려 있기 때문에 멤버를 구성할 때 참고
- 팀 구성은 2명 이하인 경우에는 과정에 과부하가 걸려 실패할 수 있고, 5명 이상인 경우에는
- 무임 승차하는 멤버가 발생할 가능성이 높기 때문에 3~4명이 적정
- 프로젝트의 성격이 많은 인원을 필요로 하는 경우에는 예외적으로 적용
- 팀의 리더를 정해서 과제진행에 대한 매니지먼트
- 교수자는 가이드와 튜터 역할

③ 3 단계 : 주제선정

대학의 캡스톤 디자인 수업은 보통 한 학기로 마무리 짓도록 셋팅해야 하는 어려움이 있다. 따라서, 한 학기 동안에 진행 가능한 프로젝트 주제를 결정해야 한다. 기업이나 외부 기관과 공동 진행하는 경우에는 정해진 주제에 따라 프로젝트 진행하면 되지만, 보통은 학생들의 전공 및 졸업 후 직업과 관련된 주제를 선정해서 진행한다.

참고

- 지도교수의 네트워크를 활용하여 지역기업 혹은 지자체와 연계를 통한 과제 진행 가능
- 주로 3, 4학년이 수강하므로 졸업 후의 직업선택과 관련된 주제를 선정하여 포트폴리오로 활용

④ 4 단계 : 과제신청서 작성 및 제출

과제 신청서는 팀별로 수행할 과제의 세부 계획을 적는 공식문서이다. 따라서, 과제 신청서에는 팀명, 주제 제목, 팀 리더 및 팀 멤버 인적사항, 프로젝트 수행배경, 과제 내용 및 범위, 활용방안 및 기대효과, 참여 학생의 역할분담, 소요비용 계획, 참고문헌 등 상세하게 기술한다.

과제신청서는 보통 수업 3주 정도의 여유를 가지고 작성하는 것이 좋고, 완성된 과제신청서는 경비지원기관(보통 산학협력단)에 제출해야 한다.

⑤ 5 단계 : 과제수행

선정된 주제에 따라 팀별로 과제를 수행하는 단계로, 지도교수는 팀이 선정한 주제를 통한 과제수행에 지장이 없도록 가이드 역할과 방향에 대한 지속적인 컨설팅을 제공한다.

팀별로 주간보고, 중간보고, 프로젝트 개요, 결과보고서 제출 등 과제수행에 대한 계획서 제출(과제 단계별 스케쥴 작성)도 반드시 챙기도록 한다.

참고

- 과제수행에서 우선적으로 과제의 방향성에 대한 컨셉도출 유도
- 컨셉에 따른 설문조사 진행 요청(페이퍼 혹은 온라인 설문 등)

⑥ 6 단계 : 중간보고서 작성 및 PT

7주~8주차에 중간보고서 작성과 중간발표에 대한 준비 정도를 점검하도록 한다. 중간보고와 중간발표에 관해서는 수업 개시 오리엔테이션을 통해 전반적인 스케쥴을 공지해야 한다.

중간보고에는 캡스톤 디자인 수업에서 수행하게 된 주제 선정 이유, 수행과정에서 발견한 자료 정리, 설문 혹은 조사 기본 계획, 커뮤니케이션 개선방안 등에 대한 소개 및 향후 계획 등을 중심으로 작성하도록 지도한다.

참고

- 중간보고(발표)에는 과제수행 계획, 과제의 컨셉 도출 등에 대해 정리
- 설문진행에 대한 중간정리 포함
- 최종 결과보고를 위한 리허설 성격을 포함하고 있기 때문에 학생들에게 경험 제공

⑦ 7 단계 : 과제수행

중간보고 이후의 과제수행은 범위를 한정 짓고 구체적인 해결책을 찾아가는 방향으로 프레임을 전환하도록 한다.

중간보고를 통해 나타난 문제점에 대한 해결방안에 대한 고민이 필요한 시점으로, 이공계 캡스톤은 중간보고 이후의 과제수행 지점에서 주로 프로토타입의 시제품 제작하는 단계로 볼 수 있다.

인문사회계 캡스톤 디자인 수업에서는 전문가 인터뷰, 소비자 심층 인터뷰, 설문조사 등 최종보고서 작성을 위한 브레인 스토밍에 중점을 두고 작업한다.

⑧ 8 단계 : 최종보고서 초안 작성

수업 10주를 전후해서 최종보고서에 대한 초안(드래프트 안)을 작성하고 이에 대한 점검에 들어가야 한다. 초안을 작성함으로서 전체적인 맥락에 대해 심도있는 논의의 장이 발생할 수 있다.

이 단계는 프로젝트의 최종 방향성을 명확하게 할 수 있는 최종단계로, 지도교수의 피드백을 통해 수정과 피드백을 반복할 필요(2회 정도)가 있다.

⑨ 9 단계 : 최종보고서 피드백 및 완성

과제 수행이 완료되면 팀별로 최종보고서를 작성한다. 공식 문서인 캡스톤 디자인 수행결과 보고서를 작성하는 단계다.

수행결과 보고서에는 팀명, 주제, 참여학생, 역할분담표, 수행배경, 수행과정, 수행결과, 수행후기 등 기재해야 하고, 보고서 형태의 최종보고서와 발표용 PPT를 함께 작성해야 한다.

⑩ 10 단계 : 최종보고 발표(PT) 및 작품전시

캡스톤 디자인 수업은 최종보고서로 종료되는 경우도 있으나, 대부분 대중에 대한 최종발표(프레젠테이션)로 진행, 최종 평가(검증) 단계를 거치는 것이 일반적이다.

하드웨어 작품 제작인 경우에는 작품전시를 통한 외부평가로 검증을 대신할 수도 있다. 또한, 최종 발표가 끝나고 난 후에는 팀별로 반드시 '성찰'의 시간을 갖도록 한다.

(2) 교수자의 역할과 주제결정

초등학교에서 중학교, 고등학교를 거치면서 일방적인 톱다운 방식의 수업에 익숙한 학생들을 대상으로 캡스톤 수업을 진행하는데에는 많은 어려움이 존재한다. 토론식 수업에 익숙해 지기까지는 학생들의 학습분위기를 조정하는데 약간의 노력과 시간이 필요하다. 강의식 수업에 익숙해 있던 학생들에게 스스로 주제를 찾아 확정하는 단계까지 모두 학생 스스로 결정해야 한다는 점이 캡스톤 디자인 수업을 수강하는 학생들에게 어려움으로 다가올 수 있다는 점을 지도교수는 인지하고 있을 필요가 있다. 그러나 문제에 대한 단초를 제공하는 것까지는 교수자가 제공할 수 있지만, 문제해결 방안을 찾고 결정하는 것은 학습자에게 맡겨야 한다. 주제 결정부터 해결방법까지를 교수자가 결정하는 것은 캡스톤 디자인 수업의 목적에 부합하지 않는다.

캡스톤디자인 수업에서의 교수자 역할은 다음과 같다.

① 주제선정 단계부터 교수자는 직접적인 의견제시를 최소화 해야 한다.

교수자가 직접 주제를 제안하면 교수자의 전문성에 대한 학생들의 신뢰가 학습자 개인이 선호하는 주제를 탐색하고자 하는 의지를 억제하는 효과가 발생하기 쉽다.

교수자의 의견을 따르는 것이 유리하다는 잘못된 시그널을 학습자에게 던질 수 있다.

② 기업이나 지자체 등 외부기관과의 협업을 적극적으로 활용할 수 있는 기회를 만든다.

캡스톤 디자인 수업은 정답이 있는 것이 아니므로, 교수자의 네트워크를 활용해서 기업 및 공공기관 등 외부기관과의 협업을 진행시킬 수 있는 기회를 적극 활용한다.

캡스톤 디자인 수업은 선행연구 분석, 설문조사, 인터뷰 등 일반적인 강의형 수업에서 경험할 수 없는 것을 체험할 수 있는 기회를 제공하는 것이 중요하다.

제4장

팀빌딩

4.1 팀빌딩의 개념

프로젝트를 진행하기 위해서 가장 먼저 할 일은 프로젝트 '관리계획서'를 작성하는 일이다. 프로젝트 관리계획서(Project Management Plan)는 성공적인 프로젝트 수행을 하기 위해서 준비단계에서 만드는 공식 관리문서로, 프로젝트 수행을 위한 전반적인 환경, 책임, 절차, 일정, 팀멤버 등을 적시하여 프로젝트의 임무를 정확하게 인식할 수 있도록 작성한다.

표 6 | 프로젝트 관리계획서

구분	내용
프로젝트 개요	프로젝트 명, 프로젝트 기간, 프로젝트 목적, 기대효과 등
프로젝트 범위	공간적 범위, 시간적 범위, 내용적 범위 등
시스템 구축 환경	하드웨어 구성도, 소프트웨어 구성도
프로젝트 추진체계	프로젝트 수행을 위한 조직도, 조직별 역할분담표, 인력투입계획 등
관리 프로세스 계획	작업계획, 통제계획, 산출물 검수 계획 등
프로젝트 관리 방안	프로젝트 보고 계획, 이슈 및 변경관리, 교육 및 기술이전 방안 등

표 7 | 프로젝트 관리계획서 작성사례

구성	내용
표지	○○○○프로젝트 관리계획서라는 제목으로 작성 • 프로젝트 명, 담당자, 작성 일자, 문서 관리버전 등을 포함
목차	프로젝트 관리계획서 구성에 관한 항목을 일목요연하게 작성 • 목차와 내용의 페이지가 일치하도록 작성
프로젝트 개요	프로젝트 전체에 대한 개요를 기술 • 프로젝트 명칭, 기간, 목적, 기대효과 등을 가능한 구체적으로 기술

구성	내용
프로젝트 범위	프로젝트의 개발 범위와 산출물 목록, 개발단계 별 활동해서 적는다. **【고려사항】** • 프로젝트에서 제외되어야 하는 범위나 목표에 대한 고려 사항 여부 • 일정 제약사항, 자원 제약사항, 재사용 제약사항, 기술적 제약사항, 인터페이스 제약사항 등
시스템 구축환경	개발될 시스템과 관련된 소프트웨어 혹은 하드웨어, 데이터베이스 등의 운영환경을 구성도에 그림으로 표현 • 프로젝트에 필요한 자원에 대한 용도, 종류, 수량, 투입시기 등 적시
프로젝트 추진체계	프로젝트의 조직과 조직 별 역할, 인력 투입 계획 등을 명시 • 프로젝트 수행 조직도 • 조직별 역할, 인력 투입 계획
관리프로세스 계획	프로젝트를 위한 관리 프로세스를 명시 • 프로젝트 세부 일정 계획 및 산출물 • 산출물 검수 계획 등 포함
프로젝트 관리방안	프로젝트 보고 계획, 교육 및 기술이전 방안 등 포함 • 프로젝트 보고 계획 • 교육 훈련 방안 • 기술 이전 방안

프로젝트 관리계획서를 작성하기 위해서 팀멤버를 구성해야 하는데, 멤버구성을 팀빌딩이라 부른다. 프로젝트의 성공여부는 팀빌딩을 통해 어떤 능력과 의지의 소유자를 팀멤버로 구성 하는가에 따라 성과가 결정된다고 해도 과언이 아니다. 그만큼 팀빌딩은 프로젝트 성공여부를 결정짓는 핵심적인 작업이다.

팀빌딩(Team Building)은 업무나 과제를 성공적으로 해내기 위해 작업그룹의 목적과 기능을 향상시키는 조직개발 기법 중 하나다. 팀빌딩에서 가장 중요한 것은 구성원으로 하여금 명확한 목적의식을 공유하게 하고, 그 목적을 성취하도록 하는 의욕을 고취시키는 것이다.

4.2 팀빌딩 진행 방법

기업 혹은 기관 등 일정 이상의 인원이 모여서 성과를 이뤄내야 하는 곳 즉 '조직'을 통해 성과를 획득할 수 있는 구조에서는 어느 한 사람의 개인적 노력이나 능력으로는 성과실현이 어렵다. 조직은 결국 협동적인 노력에 의해서 성과가 실현된다는 사실이다. 그러나 조직을 이루는 집단 또한 개인의 노력과 능력이 모여서 뛰어난 성과를 발휘할 수 있는 집단 즉 조직으로 거듭나기 때문에 개인과 조직은 서로 영향을 주는 존재라고 할 수 있다.

고전사회학자이며 무신론자였던 허버트 스펜서(H. Spencer)는 '인간은 죽음이 두려워 종교를 만들고 삶이 두려워 사회를 만들었다.'는 사회진화론적 입장을 밝혔다. 인간이 집단을 형성하는 이유는 다양하지만 일반적으로 집단 형성을 통해 안전을 확보하고자 하는 것, 효율적인 작업능률을 높이는 것, 사람간의 상호작용을 통해 사회적 욕구를 충족시키고자 하는 것, 집단이라는 소속감을 통해 사회적 명성과 위신을 얻고자 하는 것 등이 제시된다.

팀빌딩을 하는 경우에는 다양한 게임을 통해 팀 구성을 할 수 있는 환경을 조성할 필요가 있다. 게임을 통해 팀빌딩을 하기 위한 서로의 장단점을 파악하고, 함께 프로젝트를 할 수 있겠다는 신뢰성 등을 알아가기 위한 수단이다. 또한 개개인의 특성을 파악하기 위한 각종 검사 등도 사용하는데 애니어그램 테스트, MBTI 테스트, DISC 테스트 등을 활용한다. 본서에서는 DISC 성격유형 검사방법[27)]을 소개한다.

DISC 성격유형검사는 주도형(Dominant), 사교형(Inspiring), 안정형(Steadiness), 신중형(Conscientious)의 첫머리 글자를 따서 부르는 명칭으로 개인의 성격유형을 4가지로 분류하는 검사방법이다.

---

27) DISC(DISC PERSONALITY TEST)모델은 생리심리학자인 William Moulton Marston이 그의 저서 Emotions of Normal People을 통해 제안했다.

표 8 | DISC 테스트

유형(style)	내용	취향	
D style Dominance	• 성과 달성과 큰 그림을 보는데 집중	• 일명 승리자 • 행동적이며 도전적 • 성과 달성을 우선시 • 직설적이며 강한 의지	• 주도적이며 결단력 • 자심감이 있지만 무뚝뚝하고 솔직
I style Influence	• 타인에게 영향을 미치거나 설득하는데 중점	• 일명 열정가 • 사회적 인식, 그룹의 관계에 의해 동기부여	• 인간적이며 신뢰성 • 낙관적이며 열정적
S style Steadiness	• 충성심과 신뢰성에 중점	• 일명 Peacekeeper • 협력, 진심어린 감사를 통해 동기부여	• 시원세공, 협력 및 안성성 유지를 우선시 • 수동적, 침착, 인내, 예측가능, 안정 요구
C style Conscientiousness	• 정확성, 전문성 및 역량에 중점	• 일명 분석가 • 지식습득과 전문성, 기회제공을 통해 동기부여 • 정확성보장, 안정성유지	등을 우선시 • 신중하고 분석적 • 체계적, 외교적이며 정확성 • 논리와 객관성 중점

William Moulton Marston은 6 Benefits Of DISC Profile Assessment[28]를 주장했다.

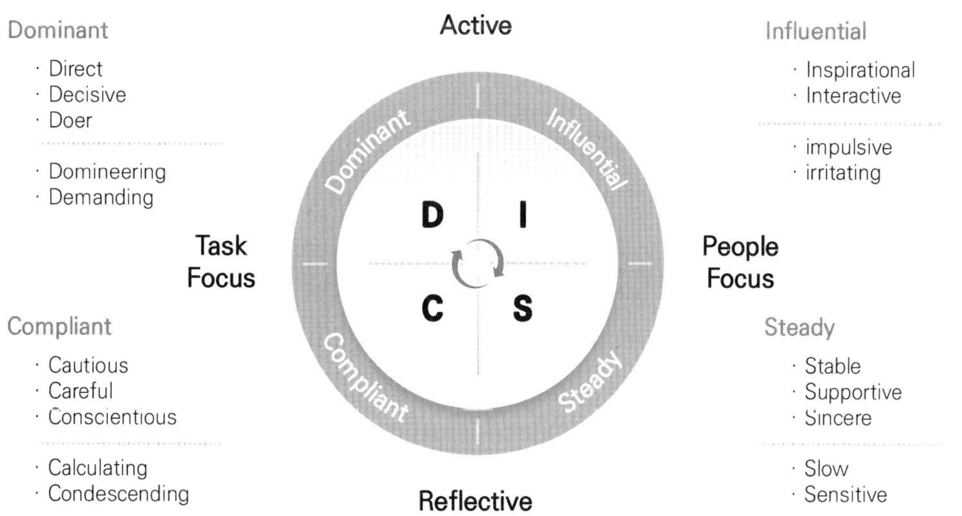

그림 17 | 6 Benefits Of DISC Profile Assessment

28) https://johnpyron.com/6-benefits-of-disc-profile-assessment/

팀빌딩은 다음과 같은 절차를 진행하는 것이 효율적이다. 팀빌딩의 절차[29]에 대해 살펴본다.

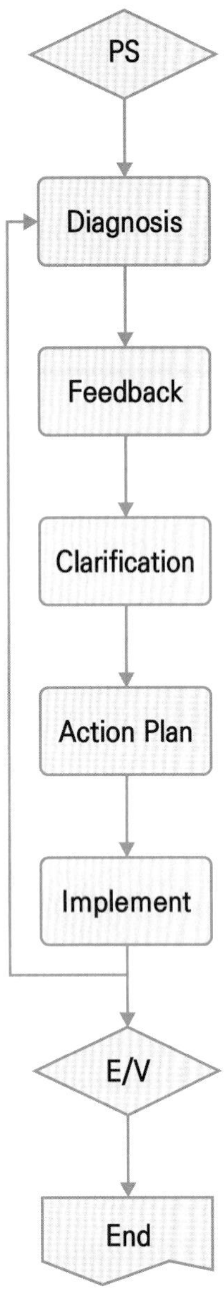

흐름도	단계		세부내용
	0	Project 실시 여부 판단	• 필요성, 성공 가능성 여부에 대한 판단 • 팀빌딩 실시 여부 판단
	1	문제 진단	• 조직진단 설문지 배포 및 수거 • 설문분석 및 해석
	2	문제 설명	• 팀빌딩으로 만들어진 팀 대상 설명회 개최 • 진단결과(설문, FGI 등)를 통해 도출된 문제점에 대한 인식 공유 • 토론을 통해 문제 우선순위 결정
	3	문제점 확인과 정리	• 문제에 대한 제안서 작성(1인 1건) • 토론을 통해 문제에 대한 인식공유 • 토론을 통해 문제의 우선순위 결정
	4	솔루션 도출	• 솔루션 찾기 위한 토론 (Brain Storming Process) • 문제별 최적 해결안 선정(1인 1안) • 변화를 관찰하고 Follow up 미팅시 과정을 보고할(Progress Report)담당자 선정 • Follow up 미팅 일정 조정
	5	솔루션 실행	• 부서의 장의 책임하에 수립된 솔루션·실행과 현장에서의 문제해결과정 • 관리자-담당자 미팅(MRM) • 경과보고 미팅(Progress Report Meeting:PRM)
	6	Evaluation & Re-diagnosis Fellow up Meeting	• 시작점에서 사용한 설문지 재사용, 1차 결과와 비교 및 각 담당자와의 Progress Report 발표·토론 과정 • 해결되지 않은 문제점 및 실행과정에서 노출된 새로운 문제점 목록작성 • 만족한 성과물이 나올때까지 과정 반복

그림 18 | 팀빌딩 흐름도

29) 조직활성화와 팀 빌딩(Team Building), 농협중앙교육원 교육자료 재구성

팀빌딩을 함에 있어 팀에 참가할 멤버들의 성격유형을 검사하는 것은 반드시 필수요건은 아니지만, 팀을 구성함에 있어 일정부분 참고할 수 있기 때문이다. 단, 성격유형 테스트를 통해 나타난 결과치가 완벽한 것은 아니므로 참고 자료로 활용할 수 있는 근거를 제시한다는 정도에서 참고를 하는 것이 좋다.

성격유형 테스트를 통해 팀빌딩을 함에 있어서도 고민할 부분이 있다. 즉 DISC 테스트를 사용한 경우 동일 집단을 동일 팀으로 구성하는 것과 2가지 이상 혹은 3가지 이상의 성격유형을 믹스하는 것이 프로젝트 성공률을 높이는데 도움이 될 것인가에 대한 가치판단이 필요해 진다. DISC테스트에서 얻어지는 성격유형을 간략화 하면 다음과 같다.

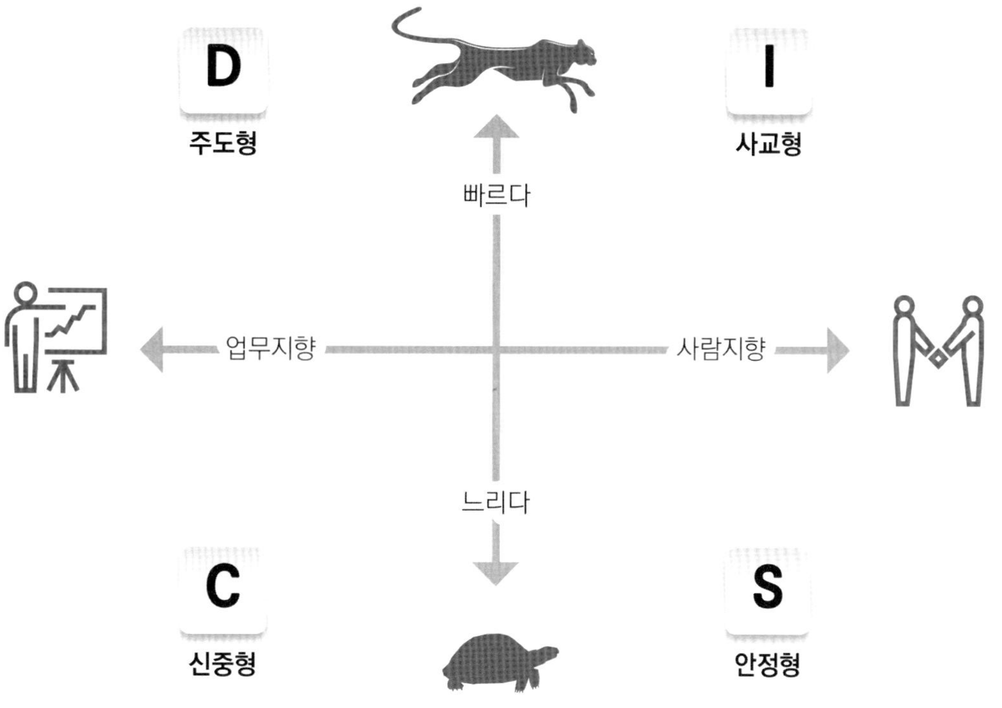

그림 19 | DISC TEST 개념도

제5장

아이디어 도출

본 장에서는 팀빌딩이 이루어진 이후에 문제해결을 위한 아이디어 도출 및 선택을 위한 기법에 대해 소개한다.

5.1 브레인스토밍 기법

브레인스토밍(Brainstorming)은 아이디어 도출을 위한 모임에서 가장 많이 사용하는 기법으로, 창의적인 아이디어 생산을 위한 학습도구로 사용되기도 한다. 이 기법은 알렉스 오스본(Alex Faickney Osborn)의 저서인 Applied Imagination을 통해 대중화되었다.

알렉스 오스본에 의해 널리 알려지면서 유사한 변형기법들이 생산되기 시작했는데 명목집단 기법, 그룹전달기법, 팀아이디어 매핑기법, 통제 브레인스토밍, 유도 브레인스토밍, 개인 브레인스토밍, 질문 브레인스토밍 등을 들 수 있다.

저자는 브레인스토밍을 통해 효과적인 발상을 위한 두 가지 원리를 제안했는데 첫째 판단 보류, 둘째 가능한 많은 숫자의 발상을 이끌어 내는 것이 중요하다고 밝히고 있다. 이를 위해서는 브레인스토밍 작업에서 4가지의 기본 규칙을 지키도록 했다.

(1) 브레인스토밍 기본규칙 4가지

① 양(量)에 포커스

'양(量)이 질을 낳는다(quantity breeds quality)'

이는 문제해결을 위한 발상의 다양성을 끌어올리기 위함으로, 보다 많은 수량의 아이디어가 제시될수록 효과적인 아이디어가 나올 확률이 높아진다는 전제를 가지고 있다.

② 비판 및 비난 금지

브레인스토밍 중에 제시된 아이디어에 대해서는 제시단계에서는 어떤 비판도 자제해야 한다.

비판의 단계까지는 계속해서 더 많은 아이디어를 확장하고 이끌어내는데 포커스를 맞추고, 비판을 유예함은 참가자에게 자유로운 분위기 속에서 독특하고 창의적인 발상을 이끌어 내고자 함이다.

③ 자유분방한 사고

다량의 다양한 아이디어 제시를 위해서는 엉뚱한 의견제시를 장려할 필요가 있다. 이는 당연하다고 생각했던 것을 의심해 보는 것에서 새로운 아이디어 도출 가능성을 제기할 수 있고, 다양한 시각에서 문제 제기를 유도할 수도 있기 때문이다.

④ 아이디어 조합 및 개선

1+1=2라는 뻔한 공식이 아니라'0'도 될 수 있고 '무엇'도 될 수 있다는 생각으로 참여를 유도하는 방식이다.

때로는, 타인의 아이디어에 아이디어를 더해서 새로운 아이디어로 재해석 하는 것도 필요하다.

(2) 효과적인 6가지 브레인스토밍 기술

효과적이고 효율적인 브레인스토밍을 하기 위해서 광고회사 임원이었던 Alex Osborn은 최상의 결과를 얻을 수 있는 가장 효과적인 6가지 브레인스토밍 기술과 실용적인 예가 포함된 가이드를 만들었다.

① 첫째. 목표를 명확하게 하기(Clarify the Goal)

브레인스토밍을 하기 전에 세션의 초점을 맞추는 것이 좋다. 세션의 초점을 설정하는 것은 매우 간단하다. 회의의 궁극적인 목표는 어떤 문제에 실제 솔루션을 개발하는 것이기 때문이다. 처음에 목표를 명확하게 설정하게 되면 후에 결과를 추적하고 측정할 수 있다. 목표를 달성했는지, 어떤 결과를 이루었는지 등. 그런 다음 모든 사람이 참고할 수 있도록 모두가 접근 가능한 장소에 개요를 게시하는 것이 좋다. 이를 통해 모든 팀 멤버에게 참조 지점을 제공하고 세션의 목적을 상기시켜 줌으로서 팀이 코스로부터 벗어나는 것을 방지할 수 있다. 그리고 주변에 브레인스토밍 세션을 촉진한 경험이 있는 사람을 찾아 생산적인 토론을 촉발할 수 있도록 하면 비판없는 영역에서 더 많은 양의 아이이어를 이끌어 낼 수 있다.

② 둘째. 긴장하지 않고 느슨하게(Loosen Up)

모든 사람에게는 적절한 상황이 주어지면 창의적인 아이디어를 낼 수 있는 잠재적 능력이 있다. 이를 위해서는 브레인스토밍에 참가하는 멤버들이 긴장을 풀고 영감을 받을 수 있는 환경을 조성할 필요가 있다. 전문적으로 셋팅된 환경에서만 서로를 알고 있는 사이에서 어떻게 느슨한 분위기를 만들어 기업의 프로토콜에 익숙한 멤버들에게 예외적이며 창의적인 아이디어를 도출해 내도록 할 수 있는지 고민할 필요가 있다. 한 실험에 따르면 개인이 소속 그룹과 함께 당황스러운 순간을 공유하도록 했을 때 참가자들이 경계를 늦추고 평소보다 더 많은 아이디어를 도출했다고 한다. 또한 아이디어의 범위도 확장되어 토론 영역이 더욱 활성화되었다고 한다. 즉, 그룹에게 예상치 못한 상황이나 활동을 제시함으로서 자연스럽게 아이스브레이킹을 일으키고 그들고 하여금 창의적인 사고를 도출해 낼 수 있는 out-of-the-box thinking의 트리거를 제공한다.

③ 셋째. 협업에 대한 수용(Embrace Collaboration)

많은 사람들이 팀으로 하는 브레인스토밍의 개인에 비해 비효율적이라고 생각한다. 많은 사람들이 참여하게 되면 그 자체가 혼란스러워질 가능성이 높아지고, 때로는 어느 특정인에게만 스포트라이트가 갈 수 있기 때문이다. 사람을 분리하면 장점도 있지만 팀의 역동성은 협업 (collaboration)을 통해 더욱 성장할 수 있다는 점이다. 서로의 아이디어를 공유함으로서 더 좋은 결과를 이끌어 내고 회사와의 결속력을 높일 수 있기 때문이다. 그러나 모든 개인이 협력할 수 있도록 하는 것은 쉽지 않은 과정이다. 왜일까? 라는 질문보다는 모두에게 동등한 기회를 제공함으로서 협력을 이끌어 낼 수 있는 시도를 해보자. 개인의 능력 차이를 느끼지 않고 아이디어를 낼 수 있도록 하는 한 방법으로 브레인스토밍에서는 '구식 펜'과 '종이'를 사용하는 방법을 종종 사용한다. 아이디어를 종이에 적는 것은 특별한 능력이 없어도 공동작업을 할 수 있고 동등한 기회를 제공받는다고 느낄 수 있게 한다. 종이 한 장에 모두의 아이디어를 적는 방법과 각자의 아이디어를 따로 적은다음 토론 세션을 진행하는 방법도 있다.

④ 넷째. 제약 옵션(Use Limitations)

'잠깐(Wait!)'옵션을 추가해 보자. 때로는 제한을 하는 것이 실제 창의성을 높이고 영감을 얻게 하는 모티브가 되기도 한다. 아이디어를 수집하는 경우에는 '기한'을 설정하는 것이 제한 역할을 하게 된다. 부여된 기간 혹은 시간제한을 통해 압력(pressure)이 상상력있는 사고를 활성화시키는 동기부여로 작동할 수 있다. 예를 들어 태스크 관리를 도와주는 토글(Toggl)을 통해 시간관리를 할 수 있는 시간 추적 소프트웨어 어플리케이션을 사용하면 협업을 하는데 매우 유용하게 사용할 수 있다.

⑤ 다섯째. 다양성과 개인의 가치(Value Diversity and Individual Input)

브레인스토밍 과정에서 개개인의 관점에 우선순위를 두게되면 다양한 사고(思考)의 이점을 누릴 수 있다. 브레인스토밍에서 가장 큰 자산(biggest assets)은 한 공간에 함께 있는 것이다. 개개인의 경험, 세계관, 성장배경 등은 퍼즐을 푸는데 전혀 다른 각도를 제공할 수 있다. 신선한 아이디어는 다양한 관점을 중시할 때 독창적인 통찰력을 얻을 가능성이 그만큼 커진다.

개인의 생각을 강조하기 위한 한 방법으로 프레임스토밍(framestorming)이라는 질문생성 기술(question-generating technique)을 활용해 본다.

① 모든 사람들로부터 해결책을 필요로 하는 질문을 듣는다.
② 모든 사람을 더 작은 그룹으로 나눈다.
③ 이들 그룹은 문제에 대한 질문을 제기하는 임무를 맡는다(한 사람은 기록자 역할).
④ 각 그룹은 질문을 마무리한다.
⑤ 모든 사람들은 상위 3개의질문에 동의한다.

이 모든 과정은 반성 기간 후에 완료되고 질문은 실행 가능한 프로젝트가 된다.

⑥ 여섯째. 아이디어 지도 작성(Map out Your Ideas)

세션의 창의적인 결과물과 팀의 제안을 요약하면 유용한 아이디어를 쉽게 찾을 수 있다. 이를 시각적으로 매핑하면 생각 간의 연결과 다음단계를 용이하게 연결시킬 수 있다. 요약된 내용을 텍스트로 제공하는 것에서 한 발 더 나아가 데이터 시각화를 통해 큰 그림형식으로 개별 아이디어를 연결하면 보다 체계적이고 더 쉽게 한 눈에 이해할 수 있다. 여기에 사용되는 툴(tool) 가운데 마인드 매핑 어플리케이션이 있다. 인터넷을 검색하면 다양한 마인드 매핑 어플리케이션을 쉽게 접할 수 있다.

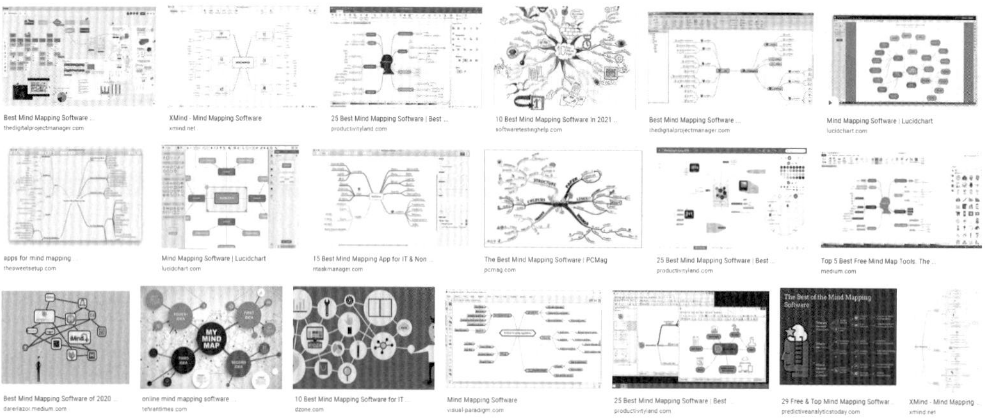

그림 20 | 마인드 맵 소프트웨어

5.2 브레인라이팅(brainwriting)과 크로퍼드 메모 쪽지 기법

일반적으로 새로운 제품에 대한 아이디어를 도출하고자 하거나 문제를 해결하고자 할 때 제일 먼저 '브레인스토밍'을 떠올린다. 그룹을 만들고 네 가지 규칙을 지키면서 아이디어를 모으는 작업에 돌입한다. 반면 브레인스토밍을 위해서는 팀빌딩에서부터 과정에 이르기까지 다양한 문제가 걸림돌이 되는 경우가 있다. 브레인라이팅(brainwriting)은 대면 브레인스토밍에 비해 쉬운 대안이나 보완 수단으로 브레인스토밍보다 짧은 시간에 더 많은 아이디어를 도출할 수 있다는 장점이 있다.

브레인라이팅은 모든 참가자들에게 아이디어를 모으려고 요구하는 대신 특정 질문 혹은 문제에 대한 아이디어를 몇 분(few minutes)동안 종이에 적도록 요청한 다음, 각 참가자가 아이디어를 읽고 새로운 아이디어를 추가하는 다른사람에게 그 아이디어를 전달하게 한다. 몇 분 후에 그 종이를 다른 사람에게 전달하도록 요청하는 프로세스를 반복한다. 10~15분 후에 모든 시트(sheets)와 포스트를 모아서 즉시 토론(discussion)에 돌입한다.

브레인스토밍 중에 발생하는 불필요한 대화의 양으로 인해 아이디어 생성에 시간이 걸리는 반면, 브레인 라이팅을 참가한 모든 사람이 동시에 항목을 추가할 수 있는 병렬 프로세스를 따르기 때문에 개인이 갖는 불안감과 시간을 줄일 수 있다.

브레인라이팅 세션을 진행하는데는 대화형 브레인라이팅, 6-3-5 메소드, 아이디어 카드 메소드, 리모트 스프레드시트 메소드(remote spreadsheet method) 등 몇 가지 접근방식이 있다.

(1) 대화형 브레인라이팅(Interactive Brainwriting)

표 9 | 대화형 브레인라이팅 프로세스

순서	활동
1	• 브레인라이팅 절차 소개
2	• 모든 사람에게 아이디어를 적을 수 있는 종이 배부
3	• 명확하고 읽기 쉬운 문제 설명 (경우에 따라 설명서가 있는 페이지를 인쇄하거나 슬라이드를 통해 게시)
4	• 브레인라이팅의 타이밍(ex. 첫 번째 라운드는 3분, 후속 라운드는 2분) • 페이지를 넘기는 과정(ex. 테이블을 시계 반대방향으로 설명)
5	• 문제 설명이나 브레인라이팅 과정에 대한 질문이 있는지 확인
6	• 참가자들에게 자신의 아이디어를 입력하기 전에 아이디어를 추가, 수정 및 결합할 수 있도록 리마인드 • 여분의 종이가 마련되어 있음을 고지
7	• 라운드 개시 • 각 라운드의 종료와 함께 다른 사람에게 종이를 전달하도록 요구
8	• 세션이 끝나면 브레인라이팅 페이지와 포스트, 코멘트, 추가 아이디어, 리뷰를 게시

(2) 브레인라이팅 6-3-5 메소드

브레인라이팅 6-3-5에서는 6명에게 정해진 양식(Form)이 주어지고 5분 내에 문제해결을 위한 3가지의 아이디어를 제시할 것을 요구한다. 참가자는 자신의 창의적 아이디어(out-of-the box ideas) 다른 사람의 아이디어를 결합할 수 있도록 초대받는다. 자신의 아이디어를 적는 동안은 다른 참가자들로부터 방해받지 않도록 조용함을 유지시킨다.

처음 5분 후에 각 참가자는 자신이 작성한 페이퍼를 인접한 참가자에게 전달한 다음 그를 받은 참가자는 아이디어를 검토하고 자신의 새로운 아이디어를 추가한다.

이 프로세스는 6×3×6(또는 104) 아이디어 잠재력과 함께 6회 반복한다.

표 10 | 6-3-5 메소드

참가자 \ 아이디어	아이디어 1	아이디어 2	아이디어 3
참자가 1	양을 줄이기 위한 필터 (Filters to reduce the size)	검색 및 연구	타원형 브라우저
참자가 2	태깅 (Tagging)	일치기능 (Concordance feature)	관련데이터 클러스터링
참자가 3	목록을 카테고리별로 정리	조감도(birds-eye view)와 확대/축소 제공	가장 최근에 사용한 기능
참자가 4		⋮	
참자가 5		⋮	
참자가 6		⋮	

(3) Idea Card

브레인라이팅에서 사용하는 수단인 아이디어카드는 참가자가 스티커 메모(sticky notes)나 카드(작업한 카드)에 아이디어를 지속적으로 작성하고 완성한 카드를 옆에 놓을 수 있도록 한다. 다른 참가자는 영감(inspiration)이 필요할 때 동료가 작성한 카드 몇 장을 가져와서 참고할 수 있다. 각 카드에는 하나의 아이디어만 적도록 한다.

이 방식은 One Idea, Quick Pass 방식으로 변형할 수 있는데, 각자가 한 가지 아이디어를 시트에 나열한 다음 다른 참가자에게 시트를 전달하면 다른 참가자는 그 밑에 자신의 아이디어를 하나 추가한다. 리더가 "종료"를 외칠 때까지 반복한다.

(4) Spreadsheet Technique

원격으로 브레인라이팅을 진행할 수 있는데, 이때는 구글 스프레드시트를 브레인 라이팅 도구로 사용할 수 있다. 참가할 사람들 목록을 작성한 다음 각 사용자에게 스프레드 시트의 한 열에 아이디어를 입력하도록 요구한다. 각자가 아이디어를 셀에 입력하면 다른 사람들이 아이디어를 보고 새로운 아이디어를 위한 영감을 얻는데 사용한다.

이 과정은 온라인에서 실시간으로도 진행할 수 있고, 약간의 가벼운 경쟁을 촉진시켜 재미를 더할 수 있다.

5.3 여섯색깔 모자 기법

Six Thinking Hats는 Edward de Bono박사에 의해 제안되었으며, 한 번에 한 가지 유형의 사고(思考)만 하게 함으로서 대인관계, 감정, 개인성향에 의해 토론의 방해가 될 수 있는 요소를 배제하고 다양한 측면에서 폭넓은 사고와 신속한 의사결정 및 문제해결을 돕는 기법이다. 여섯가지 색의 모자는 은유적인 의미를 가지고 있는데 이 비유는 보노박사가『Lateral Thinking for management』에서 언급하고 있다.

표 11 | 6 Thinking Hats

Hat	Overview	Technique
Blue Hat	관리 및 조직에 사용 【통제의 모자】	manage the thinking process
White Hat	사실과 논리에 초점 【객관적인 모자】	The facts, just the facts.
Red Hat	감정과 본능에 초점 【직관적인 모자】	feelings, hunches and intuition
Black Hat	부정적인 결과 예측 【신중한 모자】	Risks, difficulties, Problems
Yellow Hat	긍정적인 결과 예측 【낙관적인 모자】	brightness, optimism, positive
Green Hat	풍부한 아이디어 【창의적인 모자】	possibilities, alternatives, and new ideas

이 방식은 색깔이 지닌 서로 다른 역할에 맞춰서 사고함으로서, 다양한 관점을 가지고 대상(문제)을 바라보고, 아이디어를 발전시키는 방법이다. 즉, 팀리더가 한 가지 색상의 모자를 지정하면, 참가자는 그 모자의 색상에 맞춰 사고를 집중하고 의견을 제시 한 후에 다른 색상으로 넘어가는 방식으로 이루어지는데, 시작은 항상 Blue Hat로 시작해서 Blue Hat로 마감[30]한다.

표 12 | 6 Thinking Hats Example

번호	Activity	Hat Sequence
1	초기 아이디어 (Initial Ideas)	**Blue**→White→Green→**Blue**
2	대안 선택 (Choosing between alternatives)	**Blue**→White→(Green)→Yellow→Black→Red→**Blue**
3	솔루션 식별 (Identifying Solutions)	**Blue**→White→Black→Green→**Blue**
4	빠른 피드백 (Quick Feedback)	**Blue**→Black→Green→**Blue**
5	전략 기획 (Strategic Planning)	**Blue**→Yellow→Black→White→Blue→Green→**Blue**
6	프로세스 개선 (Process Improvement)	**Blue**→White→White (Other People's Views)→Yellow→Black→Green→Red→**Blue**
7	문제 해결 (Solving Problems)	**Blue**→White→Green→Red→Yellow→Black→Green→**Blue**
8	성과 검토 (Performance Review)	**Blue**→Red→White→Yellow→Black→Green→**Blue**

30) https://en.wikipedia.org/wiki/Six_Thinking_Hats 참조. 재구성

5.4 명목집단 기법(Nominal Group Technique)

명목집단 기법(NGT)은 Andre Delbecq[31)]와 Andrew H. Van De Ven[32)]에 의해 개발되었는데 Vedros에 의해 성인교육 프로그램계획에 적용되기 시작해서 교육기관의 커리큘럼 디자인과 평가에 유용한 기술로 사용되고 있다. 이 기법은 서로 다른 분야에 종사하는 사람을 명목상 집단으로 간주하고 익명성을 보장하면서 그들로부터 자유로운 아이디어를 통해 문제해결을 시도하는 기법이다. 명목집단 기법은 종종 델파이 기법과 비교되는데 델파이 기법은 특정 문제에 대해 다수의 전문가 의견을 종합함으로서 미래 상황을 예측하는 기법이다. 두 기법 모두 다수의 의사결정을 통해 미래의 불확실성을 감소시키는데 목적이 있다.

NGT는 특히, 일부그룹 구성원이 타 구성원에 비해 훨씬 큰 목소리를 낼 때, 일부그룹 구성원이 조용하게 더 잘 생각할 때, 일부 멤버가 참여하지 않을 우려가 있을 때, 그룹이 쉽게 많은 아이디어를 만들어내지 못할 때, 전체 또는 일부 그룹멤버가 팀에 처음 합류했을 때, 논쟁의 여지가 있거나 격렬한 갈등이 예상될 때, 진행자와 참가자 혹은 참가자 사이에 전력적인 불균형이 있을 때, 이해관계자가 프로세스의 양적 결과물을 좋아할 때 등에 사용하면 효과적이다. NGT의 절차[33)]는 다음과 같다.

① 소개 및 설명(Introduction and explanation)

진행자는 참가자에 대해 회의의 목적과 절차에 대해 설명한다.

② 조용하게 아이디어 생성(Silent generation of ideas)

진행자는 각 참가자에게 해결해야 할 질문이 담긴 종이를 제공하고, 질문에 대한 모든 아이디어를 적도록 요구한다. 진행자는 참가자가 자신의 아이디어에 대해 다른 참가자와 상의하거나 의논하지 못하도록 요구한다.

약 10분 정도 진행한다.

---

31) Delbecq, A. L.; VandeVen, A. H (1971). "A Group Process Model for Problem Identification and Program Planning". Journal of Applied Behavioral Science. 7: 466-91. Wikipedia 재인용

32) Delbecq, A. L.; VandeVen, A. H (1971). "A Group Process Model for Problem Identification and Program Planning". Journal of Applied Behavioral Science. 7: 466-91. Wikipedia 재인용

33) https://en.wikipedia.org/wiki/Nominal_group_technique 참고, 재구성

③ 아이디어 공유(Sharing ideas)

진행자는 참가자가 만든 아이디어를 공유한다. 아이디어 공유를 위해 참가자가 생성한 아이디어를 플립 차트(flip chart)에 기록한다. 여러 사람이 돌려가면 쓰는 round robin process는 모든 아이디어가 제시될 때까지 반복한다. 이 단계에서는 항목에 대한 토론 없이 다른 참가자가 공유한 내용에 새로운 아이디어를 추가하는 방식으로 진행한다. 이 단계에서는 모든 참가자가 동등한 기여를 할 수 있도록 기회를 제공하고 생성된 모든 아이디어를 서면으로 작성한다. 이 단계는 15-30분 정도 진행한다.

④ 그룹 토론(Group discussion)

참가자는 동료가 제시한 아이디어 가운데 명확하지 않은 아이디어에 대해 추가 설명을 요구할 수 있다. 진행자는 모든 아이디어에 대한 토론이 단일 아이디어에 너무 정체되지 않도록 진행을 잘 관리한다. 프로세스는 가능한 한 중립적이어야 하고 판단과 비난을 피하는 것이 중요하다. 그룹 토론에서는 새로운 항목을 제안하거나 항목을 큰 범주로 결합할 수는 있지만 제시된 아이디어를 제거하거나 해서는 안된다. 이 단계는 30-45분 정도 진행한다.

⑤ 투표 및 우선순위(Voting and ranking)

질문과 관련하여 제시(기록)된 아이디어의 우선순위를 결정한다. 투표 및 순위 결정과정에 따라 질문에 대한 즉각적인 결과를 참가자에게 사용할 수 있으므로 회의가 특정 결과에 도달한 것으로 간주하고 종료한다.

5.5 쌍대 비교분석 기법(Paired Comparison Analysis)

다양한 옵션 가운데 어떤 것이 최선의 방법인지 결정하거나, 선택사항이 서로 달라 결정하기 어려운 상황에서 decision making을 해야 하는 경우에 사용한다. 쌍대 비교분석 기법(paired comparison Analysis)라고도 하고 쌍대 비교방법(paired comparison method)라고 부르기도 한다. 이는 두 개씩 값을 서로 비교하면서 모든 잠재적 옵션을 시각적으로 비교하여 올바를 의사결정을 하기 위해 사용하는 도구이다. 특히 결정을 내리는데 사용할 수 있는 객관적인 데이터가 없는 경우에 매우 유용한 도구가 될 수 있다. 쌍대 비교분석 절차[34]는 다음과 같다.

① Step 1 : 테이블 생성(Creating table)

행(行)과 열(列)이 있는 표를 만들고, 첫 번째 행과 첫 번째 열(행과 열의 머리글)에 서로 비교할 옵션을 입력한다. 옵션이 4개인 경우에는 행 4개, 열 4개, 셀 16개의 표가 만들어진다. 옵션이 3개인 경우에는 행 3개, 열 3개, 셀 9개의 표가 만들어진다.

② Step 2 : 문자(기호)배정(Assigning letters)

모든 옵션에 문자(A, B, C 등)을 할당한다. 옵션은 행과 열의 머리글에 언급되어 있고, 각각 문자가 부여되었으므로 옵션을 서로 올바르게 비교할 수 있다.

③ Step 3 : 셀 차단(Blocking cells)

동일한 옵션이 겹치는 표에서 셀을 차단해야 한다. 표 앞부분에 표시된 비교를 포함하는 셀도 차단해야 한다. 모든 비교는 한 번만 이루어져야 한다.

④ Step 4 : 옵션 비교(Comparing options)

남은 셀은 행의 옵션을 열의 옵션과 비교한다. 가장 중요한 옵션의 문자가 표시된다. A가 C를 비교했는데 C가 더 중요한 옵션인 경우 해당 셀에 C를 기록한다.

⑤ Step 5 : 옵션 등급 결정(Rating options)

중요도의 차이를 예를 들어 0(차이 없음) ~ 3(중요한 차이)까지의 범위를 등급 결정한다.

⑥ Step 6 : 결과 나열(Listing results)

문제의 각 옵션에 대한 모든 값을 추가하여 결과를 통합한다. 필요한 경우 합계를 백분율로 변환할 수 있다.

---

34) https://www.toolshero.com/decision-making/paired-comparison-method/참고 재구성

쌍대 비교분석을 활용한 사례는 아래와 같다.

표 13 | 쌍대 비교분석 사례

[과제] 6가지의 직무 가운데 가장 중요한 직무 고르기

	Job A	Job B	Job C	Job D	Job E	Job F
Job A		*A*	*C*	*A*	*E*	*A*
Job B			*C*	*D*	*A*	*F*
Job C				*D*	*E*	*C*
Job D					*E*	*F*
Job E						*E*
Job F						

1:1로 비교를 하면서 2개 가운데 비교 우위인 것을 계속 적어 나간다.

- Job A와 Job B를 비교해서 더 중요하다고 생각하는 Job의 기호를 적는다. A가 B보다 중요하면 A를 기록한다.
- 같은 방식으로 Job A와 Job C를 비교해서 더 중요하다고 생각하는 Job의 기호를 적는다. C가 A보다 중요하다고 생각하면 C를 적는다.
- 같은 방식으로 1:1 비교를 해서 더 중요하다고 생각하는 Job 의 기호를 채워 나간다.

최종결과를 나열해 봄으로서 가장 중요한 Job 이 무엇인지 찾을 수 있다.

- **Job A=4개**, Job B=0개, Job C=3개, Job D=2개, **Job E=4개**, Job F=2개
- Job 의 **중요도**는 **Job A**와 **Job E**가 각각 4개로 **가장 중요한 Job** 이라는 결과를 얻을 수 있다.

제6장

팀 내 의사결정

회의 혹은 토론을 통해 성과물을 생성하기 위해 반드시 거쳐야 하는 과정이 의사결정 과정이다. 문제 해결을 위한 다양한 기법을 활용하는 것은 결국 선택과 결정을 하기 위함이다. 팀 내에서 의사결정이 필요한 시점은 '핵심문제 선정', '핵심원인 선정', '해결방안 선정'으로 귀결된다. 일반적으로 핵심문제와 핵심원인을 찾고자 할 때 Dot Voting Method와 Fist To Five를 사용하고, 해결방안을 선정하기 위해서는 Payoff Matrix 나 Decision Making Matrix를 주로 사용한다. 전략적 결정을 하기 위해 Game Theory로 많이 사용된다.

6.1 Dot Voting Method

Dot Voting Method는 dotmocracy[35] 혹은 voting with dots[36](점을 사용한 투표)라고 부르기도 한다. 주로 점 스티커 혹은 마커를 이용해서 투표를 진행하는 것에서 유래된 이름이다.

Dot Voting(점 투표)에 참가한 참가자는 스티커 혹은 마커를 사용해서 선택한 옵션에 투표하게 되는데 점 스티커(dot sticker)를 주로 사용한다.

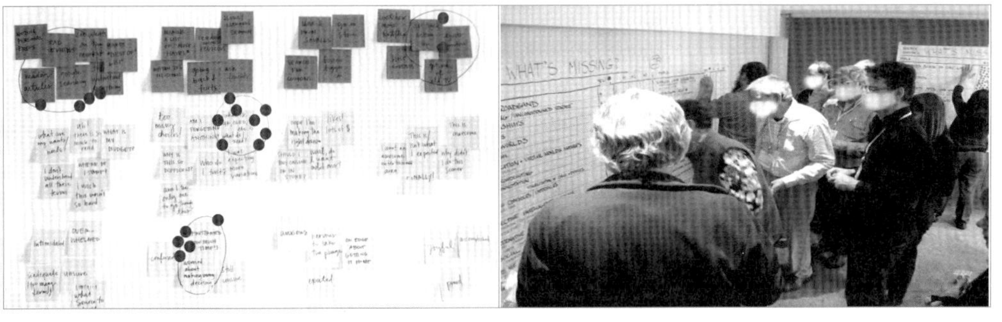

그림 21 | 점 스티커사용 Dot Voting

35) Explanation of the Toronto Community Housing participatory budgeting process. Archived December 11, 2009, at the Wayback Machine. en.wikipedia.org 재인용

36) Explanation of the Toronto Community Housing participatory budgeting process. Archived December 11, 2009, at the Wayback Machine. en.wikipedia.org 재인용

6.2 Fist to Five

Fist to Five 혹은 Fist of Five라고 부르기도 한다. 이는 Agile Software Development (애자일 개발방식)에서 팀 구성원을 구성하고 합의에 도달하게 하는 기술이다. 즉, 고객의 요구에 민첩하게 대응하고 그때 그때 주어지는 문제를 풀어나가는 방법론을 지칭하기도 한다.

대부분의 사람들은 커뮤니티 지향적인 복잡한 의사결정 방식에 비해 “Yes” 혹은 “No”로 대답하는 단순 투표방식에 익숙하다. Fist to Five를 통한 투표방식은 Fist(주먹)은 “No”를 의미하고, Finger는 “Yes”를 뜻하지만, Finger의 숫자가 많을수록 “Yes”의 강도가 높아진다. 즉 한 개의 Finger를 펴는 것 보다는 Five Fingers를 모두 펴는 것이 강한 “Yes”를 의미하고, 이를 통해 그룹의 합의에 이른 결과의 질(質)과 관련이 있다.

표 14 | Fist of Five 의미

종류	내용
	• 주먹은 **“No”**라는 의미 • 이의제기 혹은 합의에 불복하는 의미 • completely opposed to the proposal
	• 불만이 있기는 하지만 **가까스로 찬성**하는 정도 • 맘에 안들지만 어쩔 수 없어서 따라가는 의미 • 본 제안에 대해 조금 더 논의가 필요하지만 굳이 반대할 정도는 아님 • major reservations about the proposal
	• 별로 맘에 들지는 않지만 **따라가겠다**는 의미 • 다른 방법이 있으면 좋겠지만 대안이 없으니 찬성 • some concerns about the proposal so I would like to discuss with the group
	• 찬성하는 마음과 반대하는 마음이 **50 대 50** • 일부는 찬성하지만 전부는 아니다는 의미 • not in total agreement with the proposal • feel comfortable enough to move forward without further discussion
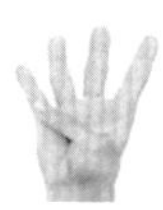	• **“괜찮다”**는 의미 • 동의할 수 있는 수준 • good idea/decision and agree
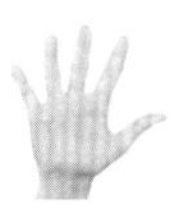	• **“아주 좋다”**는 의미 • 최선의 결정이라고 생각하고 찬성한다는 의미 • great idea • fully support at all

6.3 Payoff Matrix

pay-off는 '이득'이나 '보상', '최종적인 성과물'을 의미한다. payoff Matrix[37]는 의사결정 도구의 하나로 '일의 우선순위 혹은 의견, 아이디어 선정'을 할 때 주로 사용하는 기법이다. 팀 내 의사결정 과정에서 주로 '해결안 선정' 단계에서 사용하는데 정사각형을 4분면으로 나누어 4개의 면을 사용하는 two by two matrix(2×2)를 사용하거나 조금 더 정밀한 의사결정을 위해서는 2×3 matrix를 사용하기도 한다.

표 15 | Payoff Matrix 사례

① 가로 축(X축)과 세로 축(Y축)은 상호 배타적인 기준점을 정한다(이윤 VS 노력).
② 의사결정 매트릭스에서 X축(비용) VS Y축(효과)을 정하는 방식이다.
③ 가로 축의 좌/우, 세로 축의 상/하는 High와 Low를 위치시켜 측정기준을 제시한다.
④ 4개로 나뉘어진 4분면이 갖는 의미를 정한다.
※반드시 명확한 설명을 붙일 필요는 없다.
비즈니스에서는 큰 노력을 해서 큰 이익을 보기 보다는 적은 노력으로 큰 효과를 보는 것이 훨씬 이윤이 크기 때문이다.

37) https://sixsigmadsi.com/payoff-matrix 참고 재구성

6.4 Decision Making Matrix

의사결정구조는 세트 값(sets of values)과 정보간의 관계성을 체계적으로 식별하고, 분석, 평가할 수 있도록 행(row)과 열(column)의 값을 목록으로 보여준다. 매트릭스의 요소는 특정결정 기준에 따라 결정값을 보여주는데 행렬은 대규모의 결정요인을 보고 각 요인의 상대적 유의성을 평가하는데 유용하게 사용된다.

의사결정 매트릭스는 다중 기준 의사결정 분석(Multi-criteria Decision Analysis, MCDA) 문제를 설명하는데 사용되는데, Mrodml 대체 옵션(대안)이 존재하고 각각 N개의 기준에 따라 평가되어야 하는데, MCDA문제는 N개의 행(row)과 M개의 열(column) 또는 M × N개의 요소가 있는 결정행렬로 설명한다. 이 모형을 의사결정 매트릭스(Decision Making Matrix)라고 부르는 것은 5단계의 의사결정 진행을 돕기 위해 개발된 의사결정 도표(Decision Making Grid)를 활용하기 때문인데 이는 DMM의 3, 4단계에서 활용된다. Decision Matrix에 의한 의사결정 단계[38]는 5단계 혹은 7단계 등으로 약간의 해석의 차이가 있으므로 부과되는 과제에 따라 단계를 조정할 수 있다.

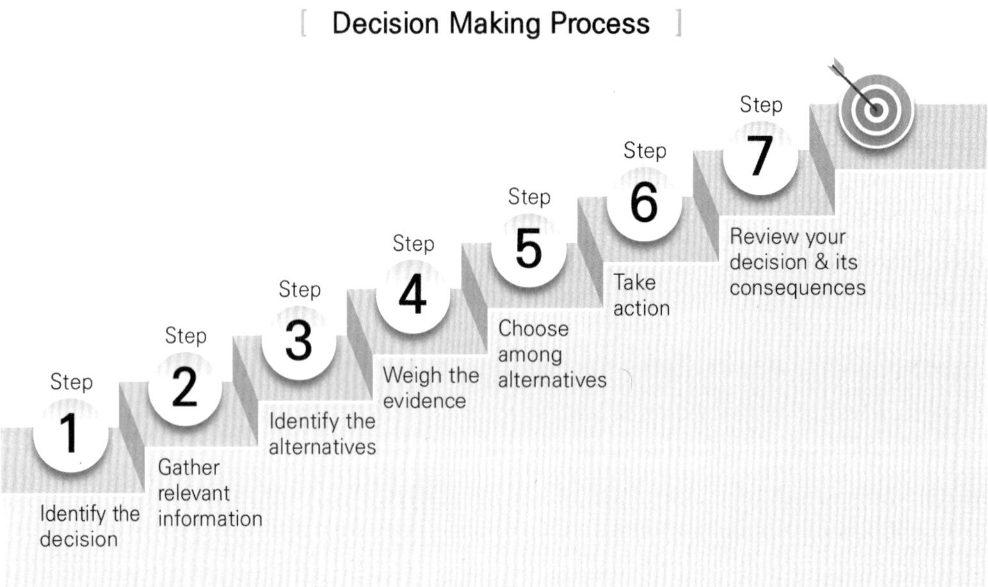

그림 22 | 의사결정단계 프로세스

38) https://www.umassd.edu/fycm/decision-making/process/ 참고 재작성

의사결정 단계 해석은 다음과 같은 절차로 이루어진다.

① Step 1 : 문제 정의(Identify the decision)

- 결정을 내려야 함에 대한 자각
- 결정의 성격을 명확하게 정의하는 것이 매우 중요

② Step 2 : 관련정보 수집(Gather relevant information)

- 결정을 내리기 전에 관련정보에 대한 수집
- 내부정보는 자체평가 과정에서 수집 가능
- 외부정보는 온라인, 서적, 보고서 등을 통해 수집
- 필요정보, 최상의 정보출처, 정보 취득방법 고민 필요

③ Step 3 : 대안 작성(Identify the alternatives)

- 정보수집 과정에서 일부 조치 가능한 경로나 대안 식별 가능
- 상상력과 추가정보를 활용한 새로운 대안 마련 가능
- 가능한 모든 바람직한 대안을 생성

④ Step 4 : 증거 평가(Weigh the evidence)

- 생성된 각 대안을 끝까지 수행했을 때의 결과에 대해 정보와 감정을 바탕으로 상상해 보기
- 각 대안을 사용해서 1단계에서 식별된 요구가 충족되는지 혹은 해결되는지에 대해 평가
- 이 프로세스를 통해 목표달성 가능성이 더 높은 특정대안 발견 가능
- 자신의 가치체계에(own value system)따라 대안의 우선순위를 배치

⑤ Step 5 : 대안 중에서 선택(Choose among alternatives)

- 모든 증거의 중요도를 계측한 후에 자신에게 가장 적합한 것으로 보이는 대안을 선택
- 제시된 대안을 조합해서 새로운 대안을 선택 가능
- 5단계에서 선택한 대안은 4단계 마지막 목록 상단에 배치한 대안과 동일 혹은 유사할 수도 있음

⑥ **Step 6 : 조치 취하기(Take action)**

- 5단계에서 선택한 대안을 구현하기 위한 긍정적 조치를 취할 준비 완료

⑦ **Step 7 : 결정 및 결과에 대한 검토(Review your decision & its consequences)**

- 마지막 단계에서는 결정 결과를 고려하고 1단계에서 확인한 요구사항이 해결되었는지 여부에 대해 평가
- 마지막 결정이 확인된 요구사항을 충족하지 못한 경우에는 프로세스의 특정단계를 반복하여 새로운 결정
- 검토단계에서 더 상세하거나 다른 정보 수집을 통해 추가 대안을 탐색할 수 있음

표 16 | Decision Making Grid 샘플

Alternative	Decision Making Measure				Score
	Measure A	Measure B	Measure C	Measure D	
Alternative 1					
Alternative 2					
Alternative 3					

6.5 Game Theory

Game Theory는 사회나 자연계에 있어서 복수의 주체가 관련되는 의사결정 문제나 행동의 상호 의존적인 상황을 수학적인 모델을 통해서 의사결정을 하도록 하는 학문이다. 여기에서 말하는 Game은 자신에게 가장 큰 이익을 갖게하는 전략(strategy)을 선택하는 각 참가자(actor)가 선택 가능한 몇가지 전략을 선택하여 최고의 보상(payoff)을 얻기 위한 행위이다. 즉, 하나의 Game에는 몇 명의 참가자(actor)와 참가자들이 할 수 있는 행동(strategy), 전략의 조합에 따라 참가자들이 받게되는 보상(payoff)으로 구성된다는 것을 알 수 있다. Game Theory는 참가자 간의 상호작용으로 인해 변하는 상황을 이해하고, 그로 인해 어떤 결과가 나올 것인지를 예측하고, 순간 순간의 의사결정에서 어떤 결정을 하는 것이 이익이 되는 지를 판단한다.

Game Theory에서는 다음과 같은 전제가 수반된다. 하지만 인간은 종종 이와 같은 전제에 맞지 않는 행동을 종종 하기도 하는데 이런 행동을 포함해서 만든 이론을 '행동경제학(실험경제학)'이라 부른다.

• **게임이론의 전제**

① 사람은 자신의 이익을 최대화 하고자 행동한다.

② 그 경우 사람은 합리적으로 판단해서 자신의 전략을 결정한다.

③ 따라서 타인(경쟁상대)이 취하는 전략을 예상해서 자신의 전략을 세운다.

즉, Game Theory를 진행시키기 위해서는 전제되는 사항이 지켜진다는 전제가 밑바탕에 깔려 있어야 한다.

(1) Game Theory Grid

Actor		Actor B		
	Strategy	Rock	Paper	Scissors
Actor A	Rock	0, 0	-1, 1	1, -1
	Paper	1, -1	0, 0	-1, 1
	Scissors	-1, 1	1, -1	0, 0

그림 23 | Game Theory Grid Sample

(2) Example

○ 과제 : 서울 - 텍사스 노선을 함께 운영하는 델타항공과 아메리칸항공의 선택가능전략은 무엇인가?

- 광고비를 증액시킬 것인가 말 것인가.
- 선택가능한 전략 조합으로부터 얻을 수 있는 보수(payoff)는 모든 경기자가 알고 있다는 전제

Actor		American Air Lines	
	Strategy	광고비 증액	현상 유지
Delta Air Lines	광고비 증액	Delta Air : $5,500 American : $5,500	Delta Air : $8,000 American : $2,000
	현상 유지	Delta Air : $2,000 American : $8,000	Delta Air : $6,000 American : $6,000

그림 24 | Game Theory Grid Example

○ 결과

- 결과적으로 광고비를 증액시키는 것이 우월전략
- 그러나 이익의 극대화 측면에서는 양 쪽 모두 현상유지 쪽이 이윤 극대화

(3) Prisoner's Dilemma Game

○ 과제 : 죄수 A, B는 어떤 전략을 취해야 이득이 되는가?

- 모든 경기자가 우월전략을 가지고 있지만 모두가 우월전략을 선택했을 때 얻을 수 있는 보수(payoff)가 오히려 열등전략을 선택했을 때 얻을 수 있는 보수(payoff)보다 낮아지는 게임 결과

Prisoner		Prisoner B	
	Strategy	Confession	Right Silent
Prisoner A	Confession	Prisoner A : 5 years Prisoner B : 5 years	Prisoner A : 0 years Prisoner B : 20 years
	Right Silent	Prisoner A : 20 years Prisoner B : 0 years	Prisoner A : 1 years Prisoner B : 1 years

그림 25 | 범죄자의 딜레마 게임 사례

○ 결과

- 죄수의 딜레마 게임에서는 죄수 A, B 모두 자백이 우월적 전략
- 그러나 이익의 극대화 측면에서는 양 쪽 모두 묵비권을 행사하는 쪽이 더 큰 보수를 얻을 수 있음

(4) 최후통첩 게임(Ultimatum Game)

○ 조건

- 100만원의 돈을 두 명이 나눠 갖는다(단, 1만원 단위를 최소 단위로 한다).
- A가 B에게 돈을 어떻게 나눌 것인지 제안하면 B는 이를 받아 들이거나(Fair) 거절(Unfair)을 선택할 수 있다.
- A의 제안을 받아 들이면 서로 돈을 나눠가질 수 있지만, B가 거절하면 A, B 모두 돈은 한 푼도 갖지 못한다.
- 이 게임은 한번만 진행되기 때문에 보복(reciprocation)은 이뤄지지 않는다.

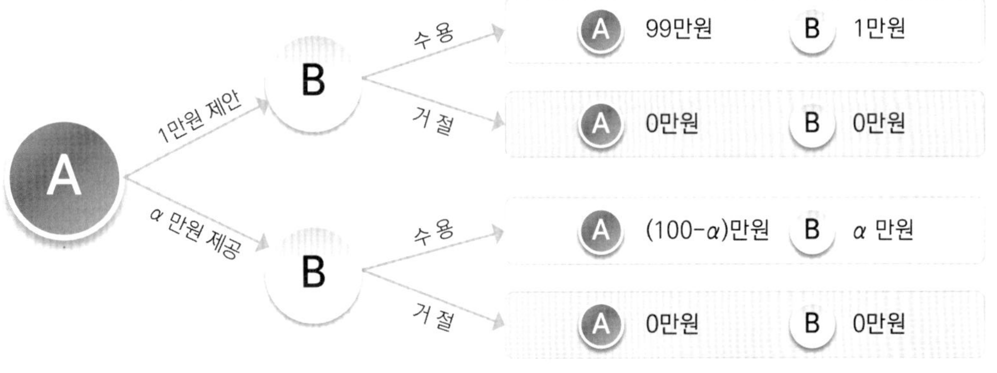

그림 26 | 최후통첩 게임

○ 실험결과

- 위 실험은 실험경제학에서 주로 사용하는 방법론이나.
- 가정1 : 인간은 이기적이며 합리적 선택을 한다면 A는 B에게 1만원을 제시할 것이고, B는 이것을 받아들일 것이다.
- 실험결과 : 전 세계적으로 이루어진 실험 결과 통상 전체금액의 30% 이하의 금액을 제시한 경우에는 거절로 이어졌고, 대체적으로 40%~50% 금액을 제안한 것으로 나타남

6.6 Multi-voting

Multi-voting은 다중투표라 부르는데 Nominal Group Technique(NGT)라 부르기도 한다. Sticking Dots, Weighted Voting, Multiple Picking-out Method(MPM)등의 변형된 방법으로 사용되기도 한다.

의사결정 방법 중 하나인 멀티보팅은 제시된 많은 제안 가운데 가능성이 높은 목록을 1가지만 선택하는 것이 아니라 복수선택을 가능하게 함으로서 가장 선호하는 제안을 선택할 수 있도록 하는 방법이다. 멀티보팅의 장점은 모든 사람이 환호하는 항목을 방지하고 모든사람이 선호하는 항목을 찾아낼 수 있기 때문에 의사결정 시에 많이 사용된다. 멀티보팅을 하기 위해서 브레인스토밍 혹은 기타 도구를 활용해서 제안 목록을 만들어 낸 후, 생성된 제안 가운데에서 목록의 범위를 줄여서 집단의 판단으로 결정해야 하는 경우 등에 활용한다.

제안 목록이 많은 경우에는 참가자 1인당 3개 정도로 선택의 폭을 좁히는 방법도 종종 사용한다. 이는 한 번의 투표로 모든 것을 결정하는 것이 아니라 제시된 많은 아이디어를 대상으로 몇 번의 멀티보팅을 통해 리스트를 줄여나가는 방식으로 접근한다. 여기에는 역멀티보팅을 활용할 수 있다. 즉, 가장 좋은 베스트 제안을 찾는 방식을 역으로 가장 밸류가 떨어지는 제안을 차례로 제거해 나가는 역선택을 투표로 선택하면서 리스크를 줄여나가는 방법을 말한다. 멀티 보팅 프로세스[39]는 다음과 같다.

준비물 플립차트(flip chart) 혹은 화이트 보드, 마킹용 펜, 개인 배포용 메모지, 개인용 필기도구 등

(1) 옵션 목록 제시

중복되는 제안은 결합해서 하나로 제시한다.

(2) 항목에 번호 부여

제시된 모든 항목에 번호 혹은 기호를 입력한다.

(3) 최종 항목 수 결정

최종 목록에 남아야 할 항목 수를 결정결정하고, 각 구성원이 선택 가능한 항목 수를 결정(3~5개, 단 목록이 긴 경우에는 10개까지 늘릴 수 있음)한다.

39) https://asq.org/quality-resources/multivoting 참조 재구성

(4) 참가 구성원의 선택

참가한 구성원에게 허용된 항목 수만큼 제안된 목록에서 선택하도록 요구한다. 단, 항목 선택 시 각 구성원은 자신의 선택 항목에 우선순위를 정하도록 요구한다.

(5개 항목 선택 시)상위 선택 항목부터 5, 4, 3 등으로 순위를 메기도록 요구하고, 선택 사항 별로 별도의 메모지를 사용하도록 요구한다.

순위는 오른쪽 모서리에 통일되게 기재하도록 요구한다.

(5) 투표 집계

구성원이 적은 메모지를 모아서 플립 차트나 화이트보드에 기록한다. 각 선택 항목 옆에 구성원이 메긴 점수를 기대하는 방법을 사용하면 합산을 통해 용이하게 우선순위 소팅 가능하다.

(6) 중지와 토론

합산이나 결과를 통해 제안된 항목의 우선순위가 결정되면 작업을 중지 시킨다. 그렇지 않은 경우에는 후보자를 가지고 간단한 토론을 진행한다.

토론은 가급적이면 최상위 점수와 최하위 점수를 동시에 받은 항목처럼 극적인 차이를 보이는 항목에 대해 토론을 진행하는 것이 좋다. 이 토론은 항목에 대한 이해 부족이나 잘못된 정보로 인해 발생되는 오류를 바로잡기 위함이므로, 토론에서 누군가의 투표에 영향을 미치도록 하는 압력이 작용하지 않도록 주의하는 것이 필요하다.

(7) 결정

4단계~5단계 프로세스를 반복할 수 있다. 또한, 의사결정을 위한 고도의 정확성이 필요한 경우에는 각 선택 항목의 상대적 중요도를 고려해서 1~10까지 가중치를 적용할 수도 있다.

(8) 최종결론

최종으로 결정된 항목을 선택, 실행한다.

제7장

팀 커뮤니케이션

사람 간의 커뮤니케이션은 일상적인 인사를 나누는 정도의 상투적인 표현 단계(1단계, Small Talk), 정보를 주고받는 단계(2단계, Factual Conversation), 자기 생각이나 의견을 건네는 판단 단계(3단계, Ideas and Opinions), 자신의 생각과 느낌을 자유롭게 발설하는 감정과 직관의 단계 4단계, Feelings and Emotions), 마음을 터 놓을 수 있는 진실 단계(5단계, Deep Insight)를 거친다.

커뮤니케이션에는 일반적으로 몇 가지 유형으로 분류할 수 있는데, Virbal Communication, Non-Verbal Communication, Written Communication, Listening, Visual Communication 등으로 분류할 수 있다.

(1) Virbal Communication

언어를 통한 커뮤니케이션은 가장 보편적인 커뮤니케이션 수단인 언어를 사용해서 대화를 나누는 방법이다. Facd-to-Face로 직접적인 대면에 의한 커뮤니케이션도 가능하고, 코로나19라는 팬데믹상황에서 활발하게 사용되기 시작한 온라인 커뮤니케이션 툴(Zoom, Webex, Google, Skype 등)을 사용하거나, 전화, 스마트폰에서 사용할 수 있는 각종 개인용 애플리케이션을 사용해서도 다양한 커뮤니케이션을 할 수 있다. 언어를 통한 소통에는 오피셜한 대화가 있고, 비오피셜한 대화도 커뮤니케이션의 한 방법이다. 공식적인 대화는 시간과 격식이 필요하고, 사용되는 단어의 수준이나 복잡성, 전체적인 커뮤니케이션 방법 등에 일정한 룰을 요구하게 된다.

(2) Non-Verbal Communication

연구에 따르면 커뮤니케이션에서 언어가 차지하는 비율은 10%미만[40]으로 조사되고

40) Albert Mehrabia(1939~), Mehrabian developed a key interest in the role of nonverbal communication and its impact during face-to-face exchanges in the 1960s where he developed the often used 7-38-55% rule. 7% spoken words, 38% voice, tone, 55% body language

있다. 즉, 비언어적 의사소통은 실질적인 커뮤니케이션 속에서 실제 단어보다 더 많은 역할을 하고 있다는 것이다.

일반적으로 비언어적 의사소통에는 표정(facial expressions), 자세(posture), 눈 맞춤(eye contact), 손의 움직임(hand movements), 터치(touch)는 물론 목소리(voice), 억양(intonation) 등도 중요한 요소로 사용된다. 때로는 누군가의 의견에 말로는 동의를 하지만, 그들의 비언어적 단서(눈을 피하거나, 한숨을 쉬거나, 얼굴을 찡그리거나 하는 행동 등)를 통해 다른 의견을 표현하는 것을 볼 수 있다.

(3) Written Communication

일상에서 사용하고 있는 Text를 사용한 커뮤니케이션(전자메일, 메모, 보고서, 페이스북 게시물, 트윗, 계약서 등)은 명확성과 간결성을 통해 정보를 전달한다는 특징이 있다. 그러나 Text는 당초의 목적과 달리 서툰 기록은 정보의 혼동은 물로 심지어 잠재적 법적 리스크를 초래하는 경우도 발생하게 된다. 디지털 시대의 Text 커뮤니케이션은 온라인 상에 계속 살아있다는 점을 잘 기억하고 주의가 필요하다. 온라인에 작성하는 Text는 잘못된 문장과 부주의한 오류가 없는지, 메시지 내용이 지나치게 장기적인지 등에 대해 확인하는 방법을 추천한다.

(4) Listening

종종 '경청'이라는 행위를 의사소통 유형으로 분류하지 않는 경우가 있지만, 적극적인 경청은 실질적으로는 가장 중요한 의사소통 유형의 하나라고 할 수 있다. 왜냐하면 우리는 상태편의 말을 잘 듣지 않으면 나의 의사를 효과적으로 전달할 수 없기 때문이다. 협상 테이블에서 우리는 상대편이 원하는 것을 듣고 평가하는 과정을 거치게 된다. 평가를 하기 위해서는 상대편의 대화에 귀를 기울이고 원하는 바를 서로 윈-윈하기 위해서 대화를 하는 것이다. 오히려 적극적인 커뮤니케이션의 시작은 경청에서부터 시작된다고 할 수 있다.

7.1 경청

Joseph DeVito는 그의 저서 『The Elements of Public Speaking(7th ed.)[41]』을 통해 성공적인 경청자(successful listener)가 되기 위한 방법으로 receiving, understanding, remembering, evaluating, responding의 다섯 가지를 주문했다. 또한 적극적인 경청을 위해 전문가들은 Paying attention, Withholding judgment, Reflecting, Clarifying, Summarizing, Sharing의 6가지 스킬[42]을 제안한다. Joseph DeVito의 5 elements[43]는 다음과 같다.

(1) 받아들이기(receiving)

말하는 사람(speaker)의 메시지에 집중한다. 그리고 주변의 다른 정보를 가능한 차단하면서 speaker의 의도를 알아차리기 위해 집중한다.

(2) 역지사지易地思之 (understanding)

speaker가 발산하는 메시지의 의도를 이해하려고 노력한다. speaker의 메시지에는 경우에 따라 이중적인 의도까지 포함된 메시지에 대해 이해할 수 있도록 노력해야 한다.

(3) 기억하기(remembering)

주의 깊게 들은 내용에 대해 기억한다. 개인에 따라 기억하는 방법은 각자 다를 수 있지만 자신의 경험과 관련지어서 기억하는 연상법을 사용할 수 있다. 또한, 기억에 의존하지 말고 메모하는 습관을 들일 필요가 있다.

(4) 평가하기(evaluating)

listener의 삶의 경험에 따라 메시지에 대한 평가나 판단은 달라질 수 있다. 따라서, speaker의 명확한 메시지와 논리적인 아이디어 제공, 객관적 근거제시가 긍정적 평가에 도움을 줄 수 있다.

good listener는 speaker의 외부적 요인보다 메시지의 의미에 집중해야 효과를 얻을 수 있다.

---

41) Jeseph DeVito(2000), The elements of public speaking(7th ed.). New York, NY:Longman.
42) Center for Creative Leadership. https://www.ccl.org
43) https://saylordotorg.github.io/ 참고 재작성

(5) 응답하기(responding)

feedback 단계는 커뮤니케이션에 참여함을 나타내는 단계이다. speaker의 메시지에 찬성 혹은 불만에 대한 표현을 제시하는데, 방법으로는 연단을 향해 박수를 치는 행동 혹은 조용히 앉아 있는 행동도 피드백의 한 수단으로 작용한다.

듣기는 Listening 과 Hearing으로 구별할 수 있는데, Hearing은 듣기위해 노력하지 않아도 들려오는 각종 소리에 해당한다. 이런 자극은 경우에 따라 좋은 자극일 수도 있지만, 귀에 거슬리는 소음일 수도 있다. 바람소리, 음악소리 등은 듣는 사람의 기분을 좋게 하기도 하지만 자동차 경적, 도서관의 휴대폰 벨소리 등은 듣는 사람으로 하여금 짜증을 불러 일으키기도 한다. 반면, Listening은 우연히 듣는 것이 아니라 듣고자 하는 의지에 따른 의도와 집중의 결과이다. 화자(speaker)가 발산하는 정보를 이해하기 위해 최선을 다해 적극적이고 집중적인 주의를 기울이는 의도적 행위인 것이다.

7.2 질문

커뮤니케이션은 인터렉티브의 연속이다. 대화의 한쪽이 일방적으로 강의하는 장면에서조차 Listener는 집중하는 태도, eye contact, facial expression, body language 등을 통해 끊임없이 화자(speaker)와 인터렉티브한 대화를 나눈다. 대화에서 대답만큼 중요한 것이 질문(question) 이다. 존 맥스웰(John Calvin Maxwell)[44]은 그의 저서『Good Leaders Ask Great Questions』에서 '인생을 살아가면서 우리는 많은 문을 만나게 되는데, 그 문 뒤에는 기회와 경험 그리고 새로운 인연으로 이어지는 온갖 가능성이 숨어 있다. 그러나 그 가능성의 세계로 들어가려면 반드시 문을 열어야 한다. 그 문을 열 수 있는 열쇠가 바로 질문이다.'고 말한다. 토마스 쿤 (Thomas Kuhn)[45]은 'The answers you get depend on the questions you ask.'라고 지적했다. 결국 좋은 질문이 좋은 답변을 만들어 내고 결과적으로 성공적인 성과물을 생성할 수 있음을 알 수 있다. 질문에는 다양한 방법이 존재한다.

44) John Calvin Maxwell, 미국 배우, 리더십 강연자, The 21 Irrefutable Laws of Leadership. The 21 Indispensable Qualities of a Leader의 저자

45) Thomas Samuel Kuhn(1922~1966), 미국 철학자.

(1) Closed Questions(Polar question)

Closed Questions는 '닫힌 질문'으로 종종 번역되는데 일반적으로 'Yes' 혹은 'No'와 같은 한 단어로 대답할 수 있도록 하는 질문을 말한다. 예를 들어, '운전을 할 줄 아세요?', '커피 좋아하세요?' 등과 같이 Y/N로 대답할 수 있는 질문이라서 대답하는 쪽에서는 간단하게 답변할 수 있고, 질의 응답시간을 줄일 수 있는 장점이 있다. 반면, 닫힌 질문은 추가적인 내용으로 답변을 이끌어 낼 수 없기 때문에 사실확인이나 객관적인 답변을 선택하는 상황에서 주로 사용한다(그룹 토론 준비, 빠른 답변 얻기 등에 사용).

(2) Open Questions

Open Questions는 '열린 질문' 혹은 '개방형 질문'으로 번역되는데, 보다 더 많은 고려가 필요 하거나 더 광범위한 토론 및 정교함을 요구하는 경우에 사용하는 질문방법이다. 예를 들어, '지금의 보스에 대해 어떻게 생각하시나요?', '왜 와인을 좋아하시나요?'와 같은 질문을 통해, Y/N로 대답하는 것이 아니라 답변자로부터 새로운 관점을 찾아내고자 하는 경우에 사용할 수 있는 질문방법 이다(비판적이거나 창의적인 토론, 주제에 대한 보다 많은 정보수집을 위한 토론 등에 사용).

(3) Probing Questions

Probing Questions는 질문을 통해 설명을 듣고 참가자들이 더 많은 정보를 말하도록 유도하는데 유용한 질문법이다. Probing Questions는 보통 더 깊이 파고 들어가거나 전체 그림을 제공하는 일련의 질문이다. 예를 들어, '완성된 프로젝트 보고서는 언제 필요합니까?', '전자메일(e-mail)로 보내도 될까요?'처럼 질문을 통해 보다 많은 정보를 유도하고 일정 등 전체를 볼 수 있도록 한다(bigger picture 보기, 화자(speaker)에게 더 많은 정보를 유도하면서 misunderstandings 줄이기 등에 사용).

(4) Leading Questions

Leading questions는 질문을 통해 응답자를 원하는 특정 방향, 긍정적 혹은 부정적 경로로 유도하도록 설계되었다. 예를 들어 '프로젝트에 문제가 있나요?', '프로젝트

작업을 하는데 즐거웠습니까?' 등을 통해 전자(前者)는 부정적인 응답을 후자(後者)는 긍정적인 응답을 얻어낼 수 있도록 보이지 않는 영향을 미치게 한다. '이 프로젝트는 잘 진행되고 있죠. 그렇죠?'라고 묻는다면 이미 질문에 응답자에게 무언의 동의를 강요하도록 설계된 질문으로 받아들일 수 있다. 보다 균형잡힌 질문은 '프로젝트는 어떻게 진행되었나요?'라고 묻는 것이다(긍정적 토론, 관심사에 부합하는 결과를 얻고자 하는 대화 등에 사용. 단, 원하는 답을 얻기 위한 불공정한 방법(unfair way)으로 보일 수 있음).

(5) Loaded Questions

Loaded Questions는 겉보기에는 간단(straightforward)하면서 closed questions에 가깝게 보이는 질문이지만, 이 질문에는 응답자에 대한 가정(assumption)이 포함되어 있다. 주로 변호사들 혹은 저널리스트들은 인터뷰 대상사(interviewee)에게 트릭을 통해 공개하려고 하지 않는 근본적인 진실을 인정하도록 속임수를 쓰는 것으로 유명하다. 예를 들어, '당신은 ○○슈퍼에서 빵 훔치는 것을 중단했습니까?'라고 질문을 하면, 응답자가 '예/아니오' 어느쪽으로 대답을 하던 응답자는 어느 시점에서인가 빵을 훔쳤다는 것을 인정하게 되는 것이다. 물론 명석한 응답자는 '○○슈퍼에서 빵을 훔친적이 없다.' '나는 평생 빵을 훔친적이 없다.'고 대답하면 제일 좋지만 모두가 그런 정답을 찾는 것은 쉽지 않다. 말하자면 이런 질문을 하는 것 자체가 조작된 질문으로 볼 수 있다(정보제공을 꺼리는 사람을 대상으로 사실 발견 등에 사용).

(6) Funnel Questions

일명 '깔때기 질문'이라 불리는 Funnel Questions는 원하는 특정 지점으로 좁히기 전에 광범위하게 시작하는 질문이며 그 반대 경우에도 사용된다. 예를 들어, '당신은 왜 경찰관이 되려고 했습니까?'라고 하는 개방형 질문(Open Questions)을 던지기 전에, '당신 이름은 무엇인가요?', '취미는 무엇인가요?', '직업은 무엇인가요?' 등의 구체적이고 폐쇄적 질문(Closed Questions)으로 시작하는 것과 같다. 반대로는 오히려 광범위한 질문을 먼저 던지고 구체적인 사안으로 몰고 가는 질문방식으로도 사용한다. 예를 들면, '돈을 벌기 위해 무슨 일을 하시나요?' '혹시 밤에도 일하나요?', '혹시 밤에 옆집에서 무슨

소리를 들었나요?', '도둑이 침입했는데 혹시 보셨나요?' 등으로 점점 구체화시켜가는 질문방법을 통해 응답자를 통해 최대한의 정보를 얻고자 할 때 사용한다 (관계구축, 매우 구체적인 정보발견, 논쟁확산 등에 사용).

(7) Recall & Process Questions

Recall Questions를 위해서는 응답자가 그 사실을 기억하고 있어야 한다. 예를 들어, '2 곱하기 4는 얼마인가요?', '이 메일의 로그인 비밀번호는 뭔가요?' 같은 질문을 던지는 방법이다. Process Questions는 응답자가 답변을 하면서 자신의 의견을 추가하도록 하는 질문이다. 예를 들어, '이 프로젝트에서 어떤 점이 특별히 좋았습니까?', ' 이 프로젝트를 리드해 줄 가장 적임자는 누구라고 생각합니까?' 등의 질문을 통해 응답자의 지식의 깊이를 테스트하는데 사용할 수 있다 (시험, 인터뷰, 토론 과정에서 주제에 대한 비판적 사고 혹은 심층평가 등에 사용).

(8) Rhetorical Questions

이 질문방식은 정해진 답이 필요 없기 때문에 다른 질문법과는 전혀 다르다고 할 수 있다. 이런 질문 방식은 질문자와 동의하는 청취자(응답자)에게 대화를 더욱 흥미진진하게 만들어 준다. 이런 질문방식은 코치나 연사의 연설 등에서 종종 사용된다. 예를 들면, '이것이야 말로 최선의 방법 아니겠습니까?', '여기 계신 여러분이야 말로 진정한 애국자 아니겠습니까?' 등으로 응답자의 정신적 참여를 굳이 필요로 하지 않는 질문방식이다 (청중에 대한 설득, 참여 구축 등에 사용).

7.3 칭찬과 격려

Compliments VS. Encouragement는 어떻게 다를까? 교육학자인 Jane Nelsen[46)]은 그녀의 Positive Discipline을 통해 칭찬을 외적동기, 격려를 내재적 동기로 구분했다. '칭찬을 고래도 춤추게 한다.'는 말이 있다. 많은 연구자들이 칭찬을 통해 얻어낼 수 있는

46) Jane Nelsen은 Positive Discipline의 저자이며 Positive Deiscipline Association을 통해 수천명의 Positive Discipline Facilitator를 인증한 세계운동의 공동 창립자.

수 많은 긍정적인 효과에 대해 보고하고 있고 '칭찬'이라는 사회적 보상을 통해 대상자가 어떻게 긍정적인 결과를 가져오는지 과학적으로 증명하려고 노력했다. 그 결과 칭찬은 대상자에게 매우 유용하게 사용할 수 있는 전략이라는 결론에 이르렀다. 그러나 칭찬은 역효과를 보이기도 한다는 사실에 유의할 필요가 있다. 미국 오하이오대학 연구팀의 발표[47]에 따르면, '적정한 칭찬과 과도한 칭찬'그룹을 비교한 결과 자기존중감이 높은 아이들은 통상적인 수준 이상의 칭찬을 받으면 더욱 고무되어 다른 과제를 수행하려고 노력하는 반면, 자기 존중감이 낮은 아이들은 오히려 거부감을 보이고 다른 과제에까지 흥미를 잃는 것으로 나타났다. '격려'는 칭찬과 시차가 다르게 주어진다. 칭찬은 결과에 대한 보상으로 주어질 수 있지만, 격려는 결과물의 생성 이전에도 이후에도 할 수 있다. 칭찬과 격려는 대상에게 동기유발과 자신감을 부여할 수 있지만 칭찬은 그 기저(基底)에 누군가와 비교(比較)하는 경우가 많다. 반면 격려는 '결과'보다는 '과정이나 노력' 등에 초점을 둔다. 다만 칭찬은 그 수준과 타이밍을 잘 고려해야 할 필요가 있다. 칭찬이나 격려를 하기 위해서는 대상에 대한 관찰이 무엇보다 선행되어야 한다.

(1) 팀장의 역할

성공적인 팀 프로젝트를 위해서는 팀장의 역할이 매우 중요하다. 팀장은 전문지식과 통찰력을 가지고 팀의 목표와 방향을 팀원에게 정확하게 제시하는 '전략가적 역할'과 팀 구성원에게 '적정한 업무분담'을 통해 성장기회를 가질 수 있도록 하는 인재육성 역할을 함께 수행해야 한다. 따라서 팀장이 획일적이고 권위적이면 유능한 팀원을 좌절하게 하거나 의욕을 저하시킬 수 있고, 팀원의 능력과 수준을 고려해서 재량권을 부여함으로서 팀의 역량을 극대화할 수도 있다. 성공적인 팀 운영을 위해서는 팀 외부와 팀 내부 구성원간의 신뢰관계 구축이 필요하고 이를 위해 활발한 커뮤니케이션과 건설적인 피드백이 지속적으로 제공되어야 한다. 일반적으로 성공적인 팀 운영은 개인이 가지고 있는 능력이나 스킬, 하드웨어의 문제보다 팀 구성원간의 신뢰관계가 팀 활동의 성공과 실패를 좌우하는 경우가 많다. 공통의 목표를 달성하기 위해서는 팀 활동 과정에서 나타나는 의견 충돌과 오해, 갈등, 미스커뮤니케이션 등의 문제를 잘 관리하는 것이 가장 중요하다. 이를 위해서는 다양한 커뮤니케이션 스킬을 사용할 필요가 있다.

---

47) https://www.fnnews.com/news/201401031744490415 재인용

(2) 칭찬하기

칭찬을 위해서는 상대를 잘 관찰하는 것과 잘 들어주는 것에 집중할 필요가 있다. 칭찬을 하는 것은 상대편 개인 혹은 상황을 알아차리고 감사했음을 보여주는 행위다. 그러나 칭찬을 하기 위해서는 준비가 필요하다. 칭찬을 위한 단계[48]와 칭찬에 대한 표현[49]에 대해 알아보자.

① Step1 : 정확한 단어 선택

칭찬을 하기 전에 어떤 단어를 쓸 것인지 정확한 단어 혹은 표현을 구상한다. 칭찬을 위한 표현은 사전에 구상하지 않으면 칭찬의 효과는 반감될 수 있다.

② Step2 : 구체적 설명

칭찬을 한 후에는 간단한 설명을 덧붙인다. 예를 들면, "예쁘다" 보다는 "오늘 목걸이와 드레스가 너무 잘 어울린다" 등으로 구체적인 설명이 수반되어야 보다 효과적이다.

③ Step3 : 진정성 보이기

입에 발린 칭찬이 아니라 진정성 있는 칭찬으로 받아들일 수 있게 해야 한다. 말뿐인 칭찬인지 진정성과 성실함이 담겨 있는지 사람들은 늘 판단하고 있다는 사실을 직시한다.

④ Step4 : 적정한 칭찬

칭찬이 과하면 역효과가 발생할 수 있다. 따라서 칭찬은 구체적일수록 좋다.

구체적으로 "프레젠테이션 정말 멋있었어요."

⑤ Step5 : 미소와 열정

미소와 열정적인 행동이 진정성으로 다가가게 만든다. 나의 칭찬이 상대방으로 하여금 진심이었음을 믿게 하는 것이 중요하다.

⑥ Step6 : 관계성 고려

상황과 상대와의 관계성을 고려한 표현을 사용한다. 즉, 어떤 관계성에 있는

48) Centre for Clinical Interventions 교육자료 참고 재구성
49) https://www.grammarly.com/blog/compliments-for-any-person/ 참조 재구성

존재인가에 따라 칭찬의 표현은 달라져야 한다. 즉, 동료에 대한 칭찬과 상사에 대한 칭찬은 구별되어야 한다.

⑦ Step7 : 칭찬과 질문

칭찬을 대화의 계기로 삼고자 한다면 칭찬과 함께 질문으로 연결하는 것이 효과적이다. 예를 들면,

"그 드레스 정말 예쁘다. 어디서 찾았어?"

표 17 | 칭찬에 많이 쓰이는 표현

영문	국문
Your positivity is infectious.	당신의 긍정성은 전염성이 있습니다.
You should be so proud of yourself.	자신을 정말 자랑스러워해야 합니다.
You're amazing!	정말 대단하세요.
You're a true gift to the people in your life.	당신은 정말 사람들에게 진정한 선물입니다.
You're an incredible friend.	당신은 정말 놀라운 친구입니다.
I really appreciate everything that you do.	당신이 하는 모든 일에 감사드립니다.
You inspire me to be a better person.	당신은 나를 보다 나은 사람이 되도록 영감을 주는 사람입니다.
Your passion always motivates me.	당신의 열정은 나에게 항상 동기를 부여해줍니다.
Your smile makes me smile.	당신의 미소는 나를 웃게 만듭니다.
Thank you for being such a great person.	훌륭한 사람이 되어 주어서 고맙습니다.
The way you carry yourself is truly admirable.	스스로에게 책임지는 모습은 정말 훌륭합니다.
You are such a good listener.	당신은 진정한 경청자입니다.
You have a remarkable sense of humor.	유머감각이 정말 뛰어나시네요.
Thanks for being you!	지금의 당신에게 감사드립니다.
You set a great example for everyone around you.	당신은 주변 모두에게 멋진 모범이 됩니다.
I love your perspective on life.	나는 당신의 가치관을 사랑합니다.
Being around you makes everything better.	당신 곁에 있으면 모든 것이 더 좋아집니다.
You always know the right thing to say.	당신은 늘 어떤 것이 옳은 것인지 알고 있습니다.
The world would be a better place if more people were like you!	당신같은 사람이 많으면 세상은 더 좋은 곳이 될겁니다.

영문	국문
You are one of a kind.	당신은 정말 친절하시네요.
You make me want to be the best version of myself.	당신은 나를 최고의 모습으로 만들도록 해줍니다.
You always have the best ideas.	당신은 항상 최고의 아이디어를 가지고 있네요.
I'm so lucky to have you in my life.	당신은 내 인생의 행운입니다.
Your capacity for generosity knows no bounds.	당신의 관대함은 끝이 없네요.
I wish I were more like you.	나는 더 많이 당신을 닮고 싶습니다.
You are so strong.	당신은 정말 강인해요.
I've never met someone as kind as you are.	당신처럼 친절한 사람을 만나보지 못했어요.
You have such a great heart.	당신은 정말 큰 마음을 갖고 있어요.
Simply knowing you has made me a better person.	당신을 아는 것만으로 나는 더 나은 사람이 되었습니다.
You are beautiful inside and out.	당신은 겉과 속이 모두 아름다운 사람입니다.
You are so special to everyone you know.	당신은 당신을 아는 모두에게 매우 특별합니다.
Your mere presence is reassuring to me.	당신의 존재만으로 안심이 됩니다.
Your heart must be 10 times the average size.	당신의 심장은 보통 사람 평균의 열배는 되는 것 같네요.
You are my favorite person to talk to.	당신은 제가 제일 좋아하는 분입니다.
You've accomplished so many incredible things.	당신은 정말 수 많은 놀라운 일들을 성취했습니다.
I appreciate your friendship more than you can know.	당신이 생각하는 것보다 더 많이 당신의 우정에 감사드립니다.
I love how you never compromise on being yourself.	나는 당신이 절대 자신과 타협하지 않는 모습에 감탄합니다.
I tell other friends how wonderful you are.	난 당신이 얼마나 멋진 사람인지 모두에게 말합니다.
You helped me realize my own worth.	당신이 나를 가치있게 사람으로 깨닫도록 해 주었습니다.
Your point of view is so refreshing.	당신의 관점은 정말 신선합니다.
You always make me feel welcome.	당신은 늘 나를 미소짓게 합니다.
You deserve everything you've achieved.	당신은 성취한 모든 것을 누릴 자격이 있습니다.
I am so proud of your progress.	당신의 발전하는 모습이 자랑스럽습니다.
I'm lucky just to know you.	당신을 알게 된 것만으로 행운입니다.
You are so down to earth.	당신은 정말 정직한 사람입니다.
You know just how to make my day!	당신은 나의 하루를 만드는 법을 알고 있습니다.
You spark so much joy in my life.	당신은 내 삶에 많은 기쁨을 불러 일으킵니다.

영문	국문
Your potential is limitless.	당신의 잠재력을 무한대입니다.
You have a good head on your shoulders.	당신은 명석한 결정력을 가지고 있습니다.
You are making a real difference in the world.	당신은 세상을 진정으로 변화시키고 있습니다.
You're so unique.	당신은 정말 유니크합니다.
You are wise beyond your years.	당신은 당신의 세월을 넘어선 현명함이 있습니다.
You're worthy of all the good things that come to you.	당신은 당신에게 일어나는 모든 행원을 가질 자격이 있습니다.
Your parents must be so proud.	부모님이 정말 자랑스러워 할거에요.
How did you learn to be so great?	어떻게 그렇게 위대한 사람이 되는 법을 배웠나요?
Never stop being you!	당신 다워지는 것을 멈추지 마세요.
No one makes me laugh harder than you do.	당신만큼 나를 더 크게 웃게 만드는 사람은 없어요.
You inspire me in so many different ways.	당신은 저에게 다양한 방법으로 영감을 줍니다.
You continue to impress me.	당신은 늘 저에게 깊은 인상을 주네요.
You make the small things count.	당신은 작은 것조차 소중하게 생각합니다.
You're a constant reminder that people can be good.	당신은 사람이 선할 수 있다는 것을 끊임없이 상기시켜 줍니다.
I admire the way that you challenge me.	나는 당신에 나에게 도전하는 방식을 존경합니다.
You make me see things in an entirely new way.	당신은 내가 완전히 다른 새로운 방식으로 사물을 보게 합니다.
Thanks for always being there for me.	항상 거기 있어 주어서 고마워요.
You are a ray of sunshine.	당신은 나의 한줄기 빛입니다.
You have the courage of your convictions.	당신은 확신에 찬 용기를 가지고 있습니다.
On a scale of one to ten, you're an eleven.	1에서 10까지의 스케일 중에 당신은 11입니다.
You're incredibly thoughtful.	당신은 믿을 수 없을 만큼 사려가 깊네요.
You have the best ideas.	최고의 아이디어입니다.
You're the most perfect 'you' there is.	당신은 가장 완벽한 '당신'입니다.
You are the epitome of a good person.	당신은 멋진 사람의 전형이네요.
You always know how to find the silver lining.	당신은 항상 어떻게 희망을 찾을 수 있는지 알고 있네요
You're the person that everyone wants on their team.	당신은 모두가 자신의 팀에서 원하는 그런 사람입니다.
I always learn so much when I'm around you.	나는 당신 곁에 있을 때 항상 많은 것을 배웁니다.
Is there anything you can't do!?	당신이 못하는 것이 있나요?

(3) 격려하기

급변하는 경영환경 혹은 사회환경에 유연하게 대응하기 위해서 많은 기업들이 한시적인 조직을 만들어서 프로젝트를 진행하는 경우가 많다. 이를 TFT(Task Force Team) 혹은 CFT(Cross Functional Team)라 부른다. 원가절감을 위한 TFT 혹은 홍보·마케팅강화를 위한 CFT를 통해 가시적인 성과와 인재육성, 조직의 역량축적 등을 계획하는 것이다. 이렇게 한시적 조직을 통해 프로젝트를 진행하는 경우에는 리더의 커뮤니케이션 능력이 매우 중요한 역할을 한다. 효율적인 커뮤니케이션을 위해 필요한 스킬 가운데 하나가 격려(Encourage)와 같은 소프트 스킬이다. 소프트 스킬은 오히려 하드 스킬보다 중요한데 이는 학교에서는 좀처럼 가르칠 수 없는 성격 특성과 사회적 단서이기 때문이다. 소프트 스킬은 탄력성을 구축하고 직원의 참여를 유지하는데 필요하고, 주인의식을 장려하여 건강하고 생산적인 직장 분위기를 만드는데 초석(cornerstone)이 된다. 원활한 프로젝트 진행을 위한 소프트 스킬에 대해 알아보자.

격려(encouragement)는 상대에게 용기, 자신감, 희망, 서포트, 도움을 주는 것이다. 격려는 서로를 북돋아 주고, 누군가와 함께하고, 어려움을 겪는 사람들을 위로하는 과정이다. 격려는 육체는 물론 정신적 재생을 돕기도 한다. 따라서 격려의 치유 효과는 비판보다 크고 자신감을 부여한다. 상대를 격려하는 방법에 대해 알아보자.

① Speaking

우리가 일상에서 쓰는 말은 어떻게 사용하느냐에 따라 상대를 치유하기도 하고 상처를 주기도 한다. 격려는 대상에게 누군가가 당신을 얼마나 감사하게 생각하는지, 당신이 얼마나 멋진 사람인지, 지금 하고 있는 일이 얼마나 가치있는 일인지 말해주는 것이다.

② Writing

격려를 하기 위해서 누군가에게 글을 쓰거나 소셜 미디어에 엽서나 메시지를 보낼 수 있다. 때로는 “항상 너를 위해 기도하고 있어.” 혹은 “너는 나의 멋진 친구야.” 등의 짧은 메모나 메시지가 삶의 문제로 외롭고 슬퍼하고 있는 사람에게 큰 위로와 격려가 될 수 있다.

③ **Helping**

누군가에게 크고 작은 도움의 손길을 내미는 것이 가장 평범한 격려의 기술이 될 수 있다. 누군가의 휠체어를 밀어주는 행위, 우는 아이를 돌봐주는 행위, 때로는 집안 청소를 도와주는 행위 등 어떤 행위든 누군가를 도와주는 행동이 상대를 격려해 줄 수 있다.

④ **Giving**

물질적인 기부행위(돈, 음식, 의복 등)은 수혜자에게 큰 격려가 된다. 이런 크고 작은 기부행위는 누군가에게 어려운 상황에서 벗어날 수 있는 동기를 부여하고, 자신의 상황을 개선할 수 있는 모티베이션을 제공한다.

⑤ **Hospitality**

환대(hospitality)는 '다른 사람을 돌본다'는 의미로 식사를 제공하거나 잠자리를 제공하는 행위 혹은 신체적 문제가 있을 때 이를 도와주는 모든 행위를 가리키는 의미로 사용된다. 이러한 격려는 상처받은 사람의 몸과 마음을 치유할 수 있다. 격려를 위해 자주 사용하는 문구[50)]에 대해 알아두면 편리하다.

---

50) https://www.helendoron.com 참고 재구성

표 18 | 격려 문구

상황	영문	국문
어렵거나 위험한 일을 결정해야 하는 경우	Give it a try.	한번 해 보세요.
	Go for it.	(하고 싶은 것을)하세요.
	Why not?	안될게 뭐 있어요? 하세요.
	It's worth a shot.	해 볼 가치가 충분해요.
	What are you waiting for?	뭘 망설이세요.
	What do you have to lose?	밑져야 본전이잖아요.
	You might as well.	잘 될거에요.
	Just do it.	그냥 해보세요.
이미 잘 하고 있는 경우	There you go!	됐어요!
	Keep up the good work.	지금처럼 계속해요.
	Keep it up.	지금처럼만 해요.
	Good job.	잘 했어요.
	I'm so proud of you!	당신이 정말 자랑스러워요.
난관에 봉착해 있는 경우	Hang in there.	버티세요. 견디세요.
	Don't give up.	포기하지 말아요.
	Keep pushing.	계속 밀어부쳐요.
	Keep fighting!	계속 싸우세요.
	Stay strong.	굳세게 버티세요.
	Never give up.	절대 포기하지 마세요.
	Never say 'die'.	죽는다는 소리는 절대 하지 마세요.
	Come on! You can do it!.	힘 내요. 당신을 할 수 있어요.
어려운 결정을 해야 하는 경우	I'll support you either way.	어느쪽을 선택하든 당신을 지지합니다.
	I'm behind you 100%	나는 항상 당신 뒤에 있습니다.
	It's totally up to you..	전적으로 당신에게 달렸습니다.
	It's your call.	당신이 선택할 차례입니다.

제8장

성찰

팀 프로젝트의 마지막 단계에서의 과정이 성찰(Reflection) 작업이다. 진행한 프로젝트 전체를 개괄해서 살펴보고 잘한 것과 미흡했던 것을 성찰하는 과정이다. 성찰과정을 통해서 무엇을 배우고, 탐구했는지, 팀 프로젝트를 위해 팀 구성원간의 협력과 참여는 어떠했는지 등을 성찰한다.

성찰을 위해서는 '성찰일지(Reflection Essay)[51]'를 작성하기를 권한다. 성찰일지를 작성하기 위해서는 다음과 같은 방법을 사용한다.

(1) Explain 'Reflection'

성찰(Reflection)을 위해서는,

- 잠시 하던 일을 멈추고 일어났던 일을 복기한다.
- 다음에는 어떻게 하면 더 잘 할 수 있는지 생각해 본다.

성찰은 더 나은 실천가로 만들기 위해 꼭 필요한 과정이다. 성찰 과정에서 Gibbs Reflective CyCle[52]과 Rolfe's Reflective Practice Framework를 활용해본다.

(2) Gibbs Reflective Cycle

경험을 통한 학습구조를 제공하기 위한 방법으로 Graham Gibbs에 의해 개발되었다. 이 방법은 경험을 검토하기 위한 프레임 워크(Framework)를 제공하고, 주기적 특성을 고려할 때 특히 반복되는 경험에 적합하기 때문에 잘 진행되거나 반대로 잘 진행되지 않는 것들로부터 학습하고 계획할 수 있는데 다음과 같은 6단계 다룬다.

51) https://helpfulprofessor.com/ 참고 재구성
52) Gibbs, G. (1988) Learning by Doing: A guide to teaching and learning methods. Further Education Unit, Oxford Brookes University, Oxford.

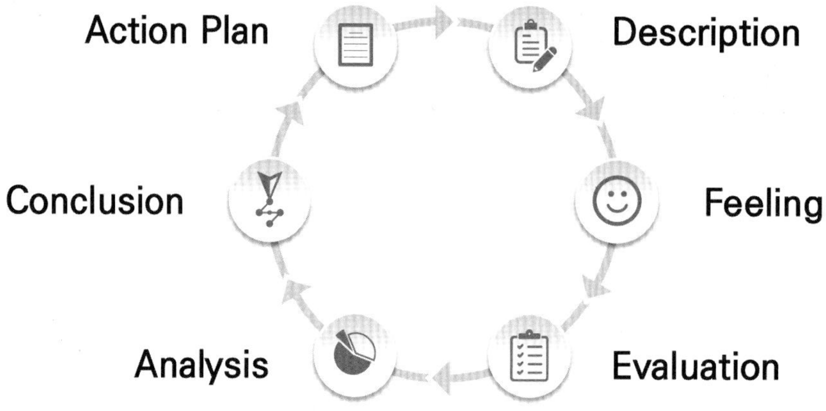

그림 27 | Gibbs Reflective Cycle Model

① Stage 1 : Description(기술)

- Description of the Experience
- 프로젝트 과정의 경험에 대해 설명하기

예시
ㅇ무슨 일이 일어났는지?
ㅇ언제 어디서 일어났는지?
ㅇ누가 거기에 있었는지?
ㅇ당신과 다른 사람들은 뭘 했는지?
ㅇ그 상황의 결과는 어땠는지?
ㅇ왜 당신은 거기에 있었는지?
ㅇ어떤 일이 발생하기를 기대했는지?

② Stage 2 : Feelings(감정)

- Feelings and thoughts about the Experience
- 과정의 경험을 통해 느꼈던 감정과 자신의 생각에 대해 기술하기

예시
ㅇ그 상황에서 어떤 느낌이 들었는지?
ㅇ그 상황이 있기 전과 후에 어떤 느낌이 들었는지?
ㅇ다른 사람들은 그 상황을 어떻게 느꼈다고 생각하는지?
ㅇ다른 사람들이 지금 상황을 어떻게 느낀다고 생각하는지?
ㅇ그 상황이 있던 동안에 어떤 생각을 했는지?
ㅇ지금 상황에 대해 자신은 어떻게 생각하는지?

③ Stage 3 : Evaluation(평가)

- Evaluation of the Experience, both good & bad
- 과정의 경험에서 얻어진 좋은 것과 나쁜 것에 대해 평가하기

예시 ㅇ과정의 경험에서 좋은 점과 나쁜 점은 무엇인지?
ㅇ잘 된 것은 무엇인지?
ㅇ잘 되지 않은 것은 무엇인지?
ㅇ당신과 다른 사람들은 상황에 어떤 영향을 주었는지(부정적 혹은 긍정적)?

④ Stage 4 : Analysis(분석)

- Analysis to make sense of the Situation
- 상황을 이해하기 위한 분석

예시 ㅇ왜 그 일이 잘 되었는지?
ㅇ왜 그 일이 잘 되지 못했는지?
ㅇ내가 어떻게 그 상황을 이해할 수 있을지?
ㅇ나 혹은 다른 사람이 그 상황을 이해하는데 도움이 될 수 있는 지식은 무엇인지?

⑤ Stage 5 : Conclusion(결론)

- Conclusion about what you learned and what you could have done differently
- 어떤 것을 배웠는지 그리고 다르게 할 수 있었던 것에 대해 결론 제시

예시 ㅇ나는 이 상황에서 무엇을 배웠는지?
ㅇ이것이 관련된 모든 사람들에게 긍정적인 상황이 되게 하려면 어떻게 해야 하는지?
ㅇ이같은 상황을 보다 더 잘 처리하기 위해서는 어떤 스킬을 개발해야 하는지?
ㅇ내가 또 무엇을 할 수 있었는지?

⑥ Stage 6 : Action Plan(행동계획)

- Action plan for how you would deal with similar situations in the future, or general changes you might find appropriate
- 향후 유사한 상황이나 적절한 판단이 요구되는 일반적인 사항에 대해 어떻게 처리할 것인지에 대한 Action Plan 세우기

예시 ㅇ똑같은 일을 다시 해야 한다면 나는 어떻게 해야 하는지?
ㅇ필요한 기술을 어떻게 개발해야 하는지?
ㅇ다음에는 다르게 행동할 수 있다고 어떻게 확신할 수 있는지?

(3) Rolfe's Reflective Practice Framework

Rolfe의 성찰모형을 이루고 있는 요소는 매우 간단하다. "What?", "So What?", "Now What?"이 그것이다. 이 3가지 요소(elements)는 매우 간단하지만 정직하고 철저하게 답을 찾다보면 놀라운 답을 얻을 수 있다.

Rolfe's Reflective Practice Framework[53]에 대해 살펴보자.

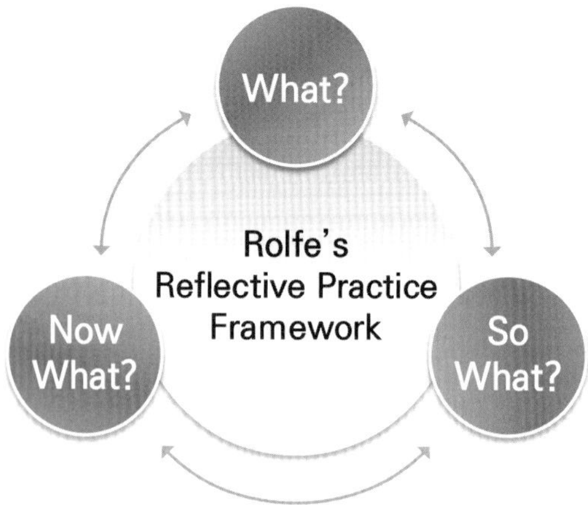

그림 28 | Rolfe's Reflective Practice Framework Model

① Stage 1 : What?

특정상황에 대한 설명, 성취, 결과, 반응, 감정, 그 밖의 문제들에 대해 포커스를 맞춘다.

② Stage 2 : So What?

자기 자신, 관계, 모델, 태도, 문화, 행동, 생각, 이해한 것과 개선사항에 대해 배운 것을 논의한다.

③ Stage 3 : Now What?

미래의 결과 개선을 위해 그리고 학습을 발전시키기 위해 무엇이 필요한 지를 파악한다.

---

53) Rolfe, G., Freshwater, D., & Jasper, M. 2001. Critical reflection for nursing and the helping professions: A user's guide, Palgrave Basingstoke.

제9장

참고문헌 및 주석 다는 방법

9.1 표절

표절(Plagiarism)이란 다른 사람이 쓴 작품이나 학술논문 혹은 기타 각종 글의 일부 또는 전부를 직접 베끼거나[54] 아니면 전체 흐름을 모방하여 마치 자신의 독창적인 산물인 것처럼 도용(盜用)하는 행위를 가리킨다. 한 대학교의 인용 및 표절가이드에 따르면 '일반적 지식이 아닌 타인의 독창적인 아이디어 또는 창작물을 적절한 출처표시 없이 활용함으로서, 제3자에게 자신의 창작물인 것처럼 인식하게 하는 행외[55]'라고 적고 있다. 그리고 그 대상은 '타인의 독창적인 아이디어', 연구방법(구조), 글(어휘, 구, 문장), 그림, 표, 사진, 그래프 등이 있다.

표절에 대해 '저작권 침해'와 '인용'을 혼동하는 경우가 있다. 표절은 타인의 저작(著作) 내용을 출처를 밝히지 않고 내용을 인용(引用)하거나 차용(借用)하는 경우로 주로 윤리적인 문제에 해당되지만, 저작원 침해는 재산권을 침해하는 법률적 문제가 된다. 따라서, 표절을 방지하기 위해서는 참고한 내용을 그대로 전사(傳寫)하는 것이 아니라 '자신의 언어로 요약'하는 방법으로 표절을 피할 수 있다. 표절을 하지 않으면서 타인의 사고(思考)를 인용하기 위해서는 반드시 '주석(註釋)'을 표시하는 습관을 갖도록 할 필요가 있다.

표 19 | 인용관련 출처표기

구분	표기방법
인용	• '인용부호'를 적절하게 사용하고 출처를 정확하게 밝히면서 이용하는 것 • 인용된 저작물의 서지정보를 정확하게 표기 • 인용분량은 자신의 저작물이 주(主)가 되도록 하기 • 연구자가 주장하는 맥락과 인용한 자료의 관련성을 분명하게 인용

54) Hacker, Diana. A Pocket Style Manual (5 ed.). Boston: Bedford/St. Martin's. p. 107. ISBN 0312559933 위키피디아 재인용
55) 한양대학교 인용 및 표절가이드

구분	표기방법
인용출처 표기	• 본문의 주석과 참고문헌을 인용규칙(스타일)에 맞도록 작성 • 주석 : 본문 내에서 인용부분에 '괄호' 혹은 '번호'로 표기하고, 본문 아래에 각주를 다는 방법 • 참고문헌 : 문서의 끝 부분에 본문 내에서 언급한 인용자료를 체계적이면서 일관성있도록 정리하여 제시하는 목록
주의	• 주석을 표기하지 않고 참고문헌만 작성하게 되면 '포괄적 표절'이 될 수 있기 때문에 '주석'과 '참고문헌'은 모두 작성하도록 한다.

표절에는 일반적으로 타인의 것을 표절하는 경우가 많지만 자기표절의 경우도 종종 발견된다. 자기표절이란 '자신이 과거에 쓴 글이나 만든 작품 따위의 일부 혹은 전부를 가져다 쓰면서 그 출처를 밝히지 않는 행위'를 말한다. 비록 자신이 과거에 만든 작품이나 글이라 하여도 그 출처를 밝히지 않는 것을 '표절'의 한 행위로 보는 것이다.

9.2 주석 달기

보고서, 특히 논문 작성의 경우 인용 및 표절은 매우 중요하다. 인용을 하는 것은 필요하지만 타인의 지적 활동과 작업에 대한 내용을 인용하기 위해서는 적절한 규칙을 지키지 않으면 '표절' 논란에 휩쌓일 수 있고, 결과물에 대한 신뢰를 얻을 수 없게 된다. 따라서, 인용을 정확하게 해야하는 이유는,

- 나의 학술적인 주장을 기존 연구 결과를 통해 논리적으로 뒷받침할 수 있음
- 정확한 규칙에 의거한 인용은 타인의 지적 재산권을 존중한다는 의미임
- 자신의 저술이나 저작(著作)을 통해 독자에게 아이디어 및 인용정보에 관해 중요하고 상세한 정보를 제공할 수 있음
- 본인의 저작에 대한 투명성과 신뢰성 획득을 위함

참고자료에 대해 표기하는 경우 본문에서 언급한 인용자료 목록을 작성하는데 이를 Reference List(or Works Cited List)라 하는데 이는 반드시 작성해야 하는 필수(必須) 사항인 반면 Bibliography는 저작하는 과정에서 참고는 했지만 인용까지는 하지 않은 자료까지도 포함에서 작성하는 목록을 가리킨다는 의미에서 약간의 차이가 있다.

'인용(引用)'하는 과정에서 학술지에 따라 인용방법에 약간의 차별성이 있는데, 이는 자신의 논문(저서)을 읽는 독자에게 참고문헌을 찾아보기 쉽게 하기 위함이며 통일된 양식을 사용해서 핵심정보를 파악하고 활용한 자료를 신속하게 찾아볼 수 있게 하기 위함이다. 즉 하나의 표준화된 스타일을 정해서 일관되게 작성하는 것이 중요한데 세계적으로 가장 많이 사용하는 인용 스타일[56]에는 다음과 같은 종류가 있다.

표 20 | 학문 분야별 선호하는 인용양식

학문분야	규칙(인용 스타일)	본문 적용
사회과학, 일부 자연과학	APA(American Psychological Association, 미국심리학회)스타일	내주(저자, 연도)
어문학, 인문학	MLA	내주(저자, 페이지)
전분야	Chicago(Turabian)	각주 혹은 내주(저자연도, 페이지)
화학, 자연과학	ACS	번호
공학	IEEE	[번호]
의학, 간호학	Vancouver	(번호)

APA Style을 활용한 자료 유형별 참고문헌 작성 사례는 아래와 같다.

표 21 | APA Style 자료 유형별 참고문헌 작성 사례

<table>
<tr><th>자료유형</th><th>스타일</th></tr>
<tr><td>Book
Reference</td><td>[한글(한자)저자]
저자명(역할어).(발행년).표제(역할을 달리한 저자)(판차). 발행지:발행사.
[영어권저자]
Author,A.A., Author,B.B., & Author, C.C.(year of publication). Title of work. Location:Publisher
[Examples]
안용주, 임혜란(공저).(2019). 관광을 통한 지역만들기. 충남:선문대학교출판부.
安容柱(2006). 日本語敎育方法論. 서울:계명문화사
Bergmann, P. G. (1993). Relativity. In The new encyclopedia Britanica (Vol. 26, pp. 501-508). Chicago: Encyclopedia Britanica.</td></tr>
</table>

56) https://library.khu.ac.kr/seoul/referencingNcitation/mla 2021.3.8. 16:25 검색

자료유형	스타일
Book Reference	Communication in the workplace. (2005). Cambridge, NJ: Boston Books. Hemingway, E. (1959). 누구를 위하여 종은 울리나 (김형일 역). 서울: 동학사. (원서출판 1956). Lauter, P., Scarcelli, T. A., & Alexandrowicz, M. P. (eds.). (1994). The heath anthology of American literature (2nd ed. 2 vols.). Lexington: Heath. Reynolds, H. (2000a). Black pioneers. Ringwood, Australia: Penguin. Reynolds, H. (2000b). The letters of George Meredith (C. L. Cline, Ed.). (3 vols.). Oxford: Clarendon Press.
Book Chapter	[한글(한자)저자] 저자명, 저자명 (역할어). (발행년). chapter 제목. 편저자, 편자자 (역할어), 표제 (책에서의 chapter 페이지). 발행지: 발행사. [영어권저자] Author, A. A., & Author, B. B. (Year of publication). Title of chapter. In A. Editor & B. Editor (Eds.), Title of book (pages of chapter). Location: Publisher. [Examples] 안용주.(2019). 관광을 통한 지역만들기. 충남:선문대학교출판부. 安容柱.(2006). 日本語教育方法論. 서울:계명문화사 Fontana, A., & Frey, J. (1994). The art of science. In N. Denzin & Y. Lincoln (Eds.), Handbook of qualitative research. (pp. 361-376). Thousand Oaks, CA: Sage. Massaro, D. (1992). Broadening the domain of the fuzzy logical model of perception. In H. L. Pick Jr., P. van Broek, & D. C. Knill (Eds.), Cognition: Conceptual and methodological issues (pp. 51-84). Washington, DC: American Psychological Association.
Journal Article	[한글(한자)저자] 연구자명. (발행년). 논문명. 자료명(발행단체명), 권(호), 논문수록면수. [영어권저자] Author, A. A., Author, B. B., & Author, C. C. (Year). Title of article. Title of Periodical, volume number(issue number), pp-pp. [Examples] Partz, M., Mentro, J. P., Lauter, P., Scarcelli, T. A., Alexandrowicz, M. P., Banshi, P. P., ...Sauls, C. E. (2008). A qualitative study of modern Native American dance. Journal of Dance Methodology, 12(3), 12-21. Williams, J. (2008). The victims of crime. Sociology Review, 17(4), 30-32.

자료유형	스타일
Thesis & Dissertation	**[한글(한자)저자]** 연구자. (수여년도). 논문명. 학위명, 수여기관명, 소재지. **[영어권저자]** Author, A. A. (Year of publication). Title of thesis (Type of thesis). Institution, Location. **[Examples]** 안용주.(2000). WBI日本語学習の方法と効果に関する研究. 박사학위논문,동덕여자대학교,서울 Ward, I. (1998). Sedimentary history of the Pandora wreck and surrounds (Masters dissertation). James Cook University, Townsville, Australia.
Website	**[한글(한자)저자]** 저자명. (발행년). 전자문서명. 전자메일주소 **[영어권저자]** Author, A.A. (Date of publication). Title of website. Retrieved from http://www.someaddress.com/full/url/ **[Examples]** 보건복지부. (연도미상). 의약분업 실시에 따른 영향분석 설명자료. http://www.mohw.go.kr Hispanic men in the corporate world. (n.d.). Retrieved from http://www.psychek.com/psy/edu.htm National Renewable Energy Laboratory. (2008). Biofuels. Retrieved from http://www.nrel.gov/learning/re_biofuels.html

APA Style을 활용하여 내주(內注)를 작성하는 경우 아래를 참고하여 표기한다.

표 22 | APA Style 내주(內注) 작성 사례

자료유형	스타일
인용문에 저자명이 포함된 경우	**【1인 저서】** 안용주(2019)의 논문에 따르면, ← 자료 전체를 인용 Avram(1975, p. 29)은 ...... ← 부분인용 ....이라고 홍길동은 주장하고 있다(2005, p. 55). ← 문장 끝

자료유형	스타일
인용문에 저자명이 포함된 경우	**【2인 공저서】** 이와 같은 결과는 안용주, 임혜란(1978)의 연구에 의해서도 .... Gide와 Rist(1994, p. 31)는 .... ← 서양인명의 공저자인용 F. D. Lewis(1989)와 W. D. Lewis(1989)는 ← 동일 성을 가진 인명은 이름까지 기재 **【3~5인 공저서】** 류창하, 김인용, 조태진(1994)에 따르면..... ← 첫 번째 인용 류창하 등(1994, p. 18)의 주장은 .... ← 두 번째 이하의 인용 Wasserstein, Zappulla, Rosen, Gerstman, and Rock (1994, pp. 56-58)은 운동..← 첫 번째 인용 Wasserstein 등(1994, p. 57)은 운동의.... ← 두 번째 이하의 인용 Wasserstein, Zappulla, Rosen, Gerstman, and Rock (1994) found ..← 첫 번째 인용 Wasserstein et al. (1994, p. 24) found ..... ← 두 번째 이하의 인용 염종훈, 김기진, 김수경, 방대욱, 오동근 (1999)가 지적한 ... ← 첫 번째 인용 염종훈 등(1999)에 의하면 ...... ← 두 번째 이하의 인용 염종훈, 김기진 등(1999)에 의하면 ...... ← 두 번째 이하의 인용 염종훈, 전종헌, 박청 등(1999, p. 37)이 말하는 ← 이름이 다른 공저자의 두 번째 이하 인용 염종훈, 전종헌, 김교상 등(1999)은 ..... ← 공저자가 다른 경우는 다른 이름까지 기재 **【6인 이상 공저서】** 김병철 등(1995)은 .... ← 첫 번째 인용 김병철 등(1995, p. 37)은 ..... ← 두 번째 이하의 인용 Wolchik et al. (2000).... ← 첫 번째 인용 Wolchik et al. (2000) ..... ← 두 번째 이하의 인용 **【단체의 저서】** 정신문화연구원[정문연](1999, p. 72)은 ..... ← 첫 번째 인용 정문연(1999, p. 14)은.......... ← 두 번째 이하의 인용 National Institute of Mental Health [NIMH] (1991, p. 66)..... ← 첫 번째 인용 NIMH (1991, pp. 37-38) .... ← 두 번째 이하의 인용

자료유형	스타일
인용문에 저자명이 포함되지 않는 경우	아름다움을 만들어 가는 활동 속에서 인간의 정서는 결정처럼 아름다운 틀을 이룩하는 것(Read, 1999, p. 141)이라 한다면 비만발생과 관련된 주요 요인으로 간주되고 있는 렙틴호르몬(김기중, 1999, p. 32)은... ......한 점에서 일치하고 있다(West & Sandler, 2000, pp. 30-41). 야간운동이 주간에 비해서 문제점이 많은 것(하철수, 하태수, 하철주, 2000, Vol. 5, pp. 65-77)을 고려... ....의결권 제한조치를 내렸다고 발표하였다(○○일보, 2000년 10월 19일, p. B1). ....일제의 식민지통치로 나타난 영향이라고도 한다(이상옥, 1952, Vol. 3, pp. 21-30). 한국공공도서관의 통계에 의하면(한국도서관협회[한도협], 2001) ....(한도협, 2001, p. 24) ....(김병철 등, 1995, pp. 19-20) This point has already been argued (Tannen, 1998, pp. 178-185). ......through a costume dance no place else but here (Rakbin, Greenberg, & Olander, 2000, p. vii) ....I have come to this this resigned conclusion (Wellek, 1955-1992, Vol. 5, p. xxii) ..... to be fixed and perhaps radically modified (Public Agenda Foundation [PAF], 2001, p. 4) ← 첫 번째 인용 ...... (PAF, 2001) .... ← 두 번째 이하의 인용
저자명과 자료명이 인용문 중에 포함된 경우	• 주 표시 없이 참고문헌에만 기재 [Examples] 김정현은 목록조직의 실제(pp. 25-70)에서 그 예를 제시하고 있다. ← 부분인용 브리태니커 백과사전(11판)에서... McRae's The Literature of Science includes many examples of this trend.
한 저자의 두 개 이상의 저작을 인용한 경우	• 동일년도의 자료는 연도에 a. b.를 붙여서 표기 [Examples] 특정지역을 나타내기 위한 보조표이다(오동근, 1994a, p. 34). DDC원안의 골격을 최대한 유지하면서 임의규정을 적용(오동근, 2001, pp. 213-342) .....보조표의 행정조직이 참조되어야 한다(오동근, 1994b, p. 33).

자료유형	스타일
블록 인용	• 본문을 5행 이상 인용하는 경우에는 블록인용(block quotation) 형식으로 인용부호 없이 기재 ※ 아래 위로 한 줄 띄운다 [Examples] 현규섭은 국립중앙도서관의 MARC개발에 대하여: ↲ 국립중앙도서관은 한 나라의 ... 마땅히 MARC의 개발의 임무가 부여되었다. ...1909[i.e. 1980]년대에 한국문헌 ...통신계와 연결시키려는 노력이었다(1986, p. iii).

MLA Style을 활용한 자료 유형별 참고문헌 작성 사례는 다음과 같다.

표 23 | MLA Style 자료 유형별 참고문헌 작성 사례

자료유형	스타일
Book Reference	[한글(한자)저자] 저자명, 역할어. 표제: 부표제. 역자나 편자. 판차. 권차. 발행지: 발행처, 발행년. 매체. [영어권저자] Lastname, Firstname, and Firstname Lastname. Title of Book. Place of Publication: Publisher, Year of Publication. Medium of Publication. [Examples] 안용주,임혜란,공저.관광을 통한 지역만들기. 충남:선문대학교출판부.2019.인쇄도서 安容柱.日本語敎育方法論. 서울:계명문화사.2006.인쇄도서 Zelizer, Barbie, and Stuart Allan, eds. Journalism after September 11. London: Routledge, 2002. Print. Baker, Nancy L., and Nancy Huling. A Research Guide for Undergraduate Students: English and American Literature. 6th ed. New York: MLA, 2006. Print. ▪ 3인 이상인 경우 두 가지 중 택일 안용주, 등, 공저. 관광을 통한 지역만들기. 충남:선문대학교출판부, 2019. 인쇄도서. 안용주, 미즈노마리, 임혜란. N세대 처음일본어. 서울: 시사일본어사, 2002. 인쇄도서. Wysocki, Anne Frances, et al. Writing New Media: Theory and Applications for Expanding the Teaching of Composition. Logan: Utah State UP, 2004. Print. Wysocki, Anne Frances, Johndan Johnson-Eilola, Cynthia L. Selfe, and Geoffrey Sirc. Writing New Media: Theory and Applications for Expanding the Teaching of Composition. Logan: Utah State UP, 2004. Print.

자료유형	스타일
Book Reference	■ 저자 없는 경우 Encyclopedia of Indiana. New York: Somerset, 1993. Print. ■ 번역서 경우 안용주.일본어교육방법론.안용주역.서울:시사일본어사.2006.인쇄도서 Foucault, Michel. Madness and Civilization: A History of Insanity in the Age of Reason. Trans. Richard Howard. New York: Vintage-Random House, 1988. Print.
A chapter from a book	저자명, 역할어. "chapter 제목." 표제: 부표제. 편자. 판차. 권차. 발행지: 발행처, 발행년. chapter 페이지. 매체. Lastname, Firstname. "Title of Essay." Title of Collection. Ed. Editor's Name(s). Place of Publication: Publisher, Year. Page range of entry. Medium of Publication. [Examples] 안용주, 등. "일본어 지도에 관한 기초지식." 일본어교육방법론. 챕터4. 서울: 시사일본어사, 2002. 209-322. 인쇄도서. Sinclair, Upton. "The Brass Check." The Journalist's Moral Compass: Basic Principles. Eds. Steven R. Knowlton, and Patrick R. Parsons. Westport, Connecticut: Praeger, 1995. 184-190. Print.
Thesis and Dissertation	연구자.논문명.학위명.수여기관,수여연도 [Examples] 안용주. WBI日本語学習の方法と効果に関する研究. 박사학위논문. 동덕여자대학교, 1000. 인쇄본. Bishop, Karen Lynn. Documenting Institutional Identity: Strategic Writing in the IUPUI Comprehensive Campaign. Diss. Purdue University, 2002. Ann Arbor: UMI, 2004. Print. Stolley, Karl. Toward a Conception of Religion as a Discursive Formation: Implications for Postmodern Composition Theory. MA thesis. Purdue University, 2002. Print.
From a Print Journal Article	연구자명. "논문명." 저널명 권.호 (연월차): 수록면. 매체명. Lastname, Firstname. "Title of Article." Title of Journal Volume.Issue (Year): pages. Medium of publication. [Examples] 권경득, 안용주, 이주호. "SOC사업 갈등관리를 위한 공공참여(PI)제도 활용방안 연구:일본 요코하마 북서선 도로건설 PI적용사례를 중심으로." 행정논총 53.4 (2015): 213-244. 인쇄저널. Martin, Greg. "Subculture, Style, Chavs and Consumer Capitalism: Towards a Critical Cultural Criminology of Youth." Crime, Media, Culture 5.2 (2009): 123-145. Print.

자료유형	스타일
From a Website	저자명. "자료명." 웹사이트명. 편자명. 자료의 생성일자. 매체. 자료접근일자. Editor, author, or compiler name (if available). Name of Site. Version number. Name of institution/organization affiliated with the site (sponsor or publisher), date of resource creation (if available). Medium of publication. Date of access. [Examples] "공공도서관선언." 위키백과: 우리 모두의 백과사전. Wikimedia Foundation, Inc. 2010년 7월 8일. 웹사이트. 2012년 4월 17일. CIA World Fact Book. Central Intelligence Agency, 2009. Web. 10 April 2010. "How to Make Vegetarian Chili." eHow. Demand Media, Inc., n.d. Web. 24 Feb. 2009. 【From a Print Newspaper】 ReporterLastname, ReporterFirstname. "Title of article." Title of Newspaper DD Month YYYY: page number. Format. [Example] 안용주, "시험 1등이 정의인가?." 충청일보 2020년 12월 29일: 15:38. Lawlor, Anne. "Phoenician 'find' makes textbooks ancient history." The Courier Mail 20 July 2000: 3. Print. 【From a Newspaper Website】 ReporterLastname, ReporterFirstname. "Title of Article." Newspaper Title DD Month YYYY. Format. Access DD Month YYYY. [Example] 안용주, "시험 1등이 정의인가?." 충청일보 2020년 12월 29일: 15:38. Nicholson, Brendan. "Row over 'biblical' weapons in Afghanistan." The Australian 22 January 2010. Web. 22 March 2010. 【From a Newspaper Website】 Lastname, Firstname and Firstname Lastname. "Title of Lecture." Title of Conference or Programme (if applicable). Location of Lecture. Date of lecture. Medium consulted. nb. medium could be Lecture or Address, for example. [Example] 안용주. "포스트 코로나 관광 미래는?." 충남기자회견. LG HelloVision. 2020년 8월 10일. Bryan, Sharon and Helen Hooper. "Reference Points." Writing The Assignment. James Cook University, Townsville, QLD. 27 Feb. 2011. Lecture. Craven, Allison. "EL2047 Introduction to Children's Literature." James Cook University, Townsville,QLD. 24 Feb. 2011. Lecture.

9.3 표절검사

최근에 연구윤리와 연구부정행위에 대한 개념이 확산되면서 '표절'과 '인용'이 사회 매체를 통해 보편화되고 있는 경향이 있다. 정부에서는 교육부 훈령으로 연구윤리확보를 위한 지침[57)]을 만들어 시행 중이고 각 대학 및 연구소 등에서는 연구윤리교육을 진행하고 있다.

연구윤리를 통해 강조되는 것은 인용에 대한 정확한 정보를 제공함으로서 공로 독점이 아닌 공정한 공로 배분을 하자는 것이고, 이공계에서의 비윤리적 연구를 방지하여 생명윤리를 준수함으로서 연구방법에서의 윤리성을 강조하는 한편, 저작 및 저술(연구)자의 사회적 책임성을 강조하고자 함이다.

(1) 7가지 연구부정행위 유형

교육부훈령에서는 7가지의 연구부정행위의 유형에 대해 다음과 같이 설명하고 있다[58)].

① 위조

존재하지 않는 연구 원자료 또는 연구자료, 연구결과 등을 허위로 만들거나 기록 또는 보고하는 행위를 말한다.

예시 면담 및 실험을 수행하지 않고 결과를 작성하고 가상으로 만들어내는 것, 통계적유효성을 위해 실제 실험 결과에 허구의 데이터를 추가하는 것

② 변조

연구 재료·장비·과정 등을 인위적으로 조작하거나 연구 원자료 또는 연구자료를 임으로 변형·삭제함으로서 연구 내용 또는 결과를 왜곡하는 행위를 가리킨다.

③ 표절

다음 각 목과 같이 일반적 지식이 아닌 타인의 독창적인 아이디어 또는 창작물을 적절한

---

57) 연구윤리를 위한 지침, 시행 2018.7.17. 교육부훈령 제263호, 2018.7.17.일부개정

58) 출처 : 교육부훈령 '연구윤리확보를 위한 지침'(제12조제1항), 과학기술분야 학회 출판윤리 길잡이(한국연구재단발행)
참고 : 과학기술 분야 학회 출판윤리 길잡이(학회용), 대학의 연구윤리 확립을 위한 길잡이(대학용), 신진연구자를 위한 연구윤리 첫걸음 (2019), 연구자를 위한 윤리 지침, 환경 R&D 연구자를 위한 연구윤리 가이드

출처표시 없이 활용함으로써, 제3자에게 자신의 창작물인 것처럼 인식하게 하는 행위이다.

가. 타인의 연구내용 전부 또는 일부를 출처를 표시하지 않고 그대로 활용하는 경우
나. 타인의 저작물의 단어·문장구조를 일부 변형하여 사용하면서 출처표시를 하지 않는 경우
다. 타인의 독창적인 생각 등을 활용하면서 출처를 표시하지 않은 경우
라. 타인의 저작물을 번역하여 활용하면서 출처를 표시하지 않은 경우 등이 해당된다.

④ 부당한 저자 표기

다음 각 목과 같이 연구내용 또는 결과에 대하여 공헌 또는 기여를 한 사람에게 정당한 이유 없이 저자 자격을 부여하지 않거나, 공헌 또는 기여를 하지 않은 사람에게 감사의 표시 또는 예우 등을 이유로 저자 자격을 부여하는 행위를 말한다.

가. 연구내용 또는 결과에 대한 공헌 또는 기여가 없음에도 저자 자격을 부여하는 경우
나. 연구내용 또는 결과에 대한 공헌 또는 기여가 있음에도 저자 자격을 부여하지 않는 경우
다. 지도학생의 학위논문을 학술지 등에 지도교수의 단독 명의로 게재·발표하는 경우 등이 해당된다.

(2) 표절검사 방법

현재 한국에서 가장 많이 사용되는 표절검사기로는 카피킬러(Copykiller)[59], 스쿨로직(School Logic)[60], KCI논문유사도검사[61] 등이 있다. KCI논문유사도검사 시스템은 한국연구재단에서 제공하고 있는 시스템으로 공신력을 자랑하고 있다. 하지만 유저수에서는 카피킬러가 가장 높은 유저수를 보유하고 있다. 스쿨로직은 학술논문보다는 학생들의 대입 혹은 고입 자기소개서 작성시에 주로 많이 사용하고 있다. 유사도가 높은 문장은 붉은 색으로 표시되고 유사도가 %로 제공되기도 한다.

59) 카피킬러 홈페이지 https://www.copykiller.com/
60) 스쿨로직 유사도검사 http://www.skoologic.com/myskoologic/apps/sim/sim.php?sim=y
61) 한국연구재단 논문유사도검사시스템 https://check.kci.go.kr/

그림 29 | 카피킬러(Copykiller) 홈페이지

카피킬러(Copykiller)의 기능 및 검사 방법은 아래와 같다.

카피킬러 기능	활용가능한 표절검사 영역
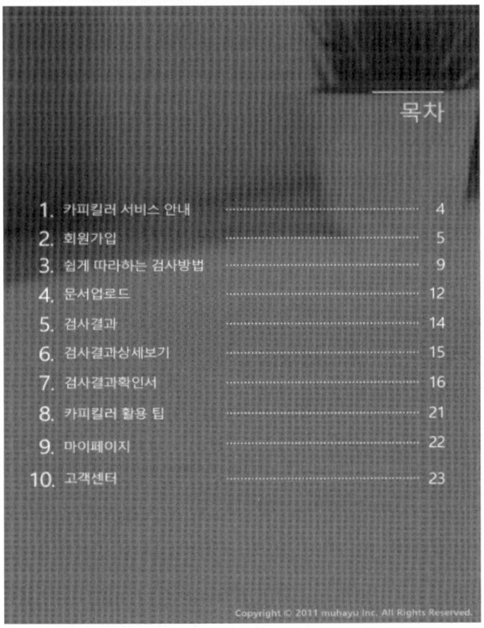	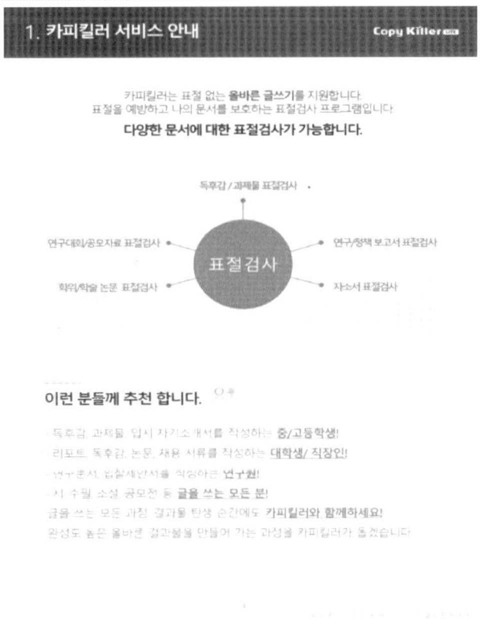

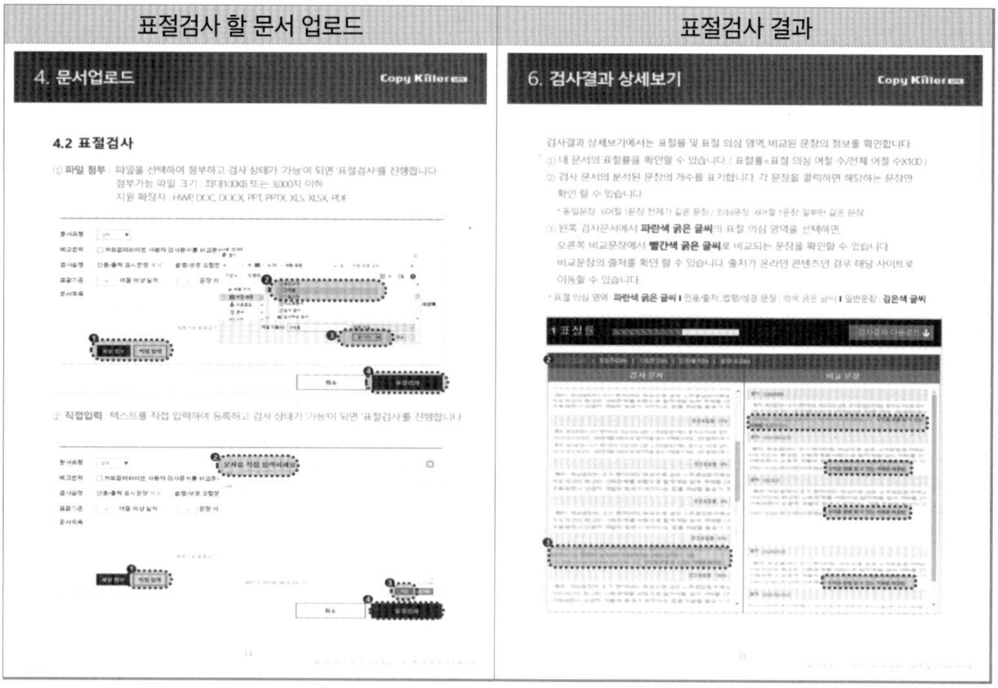

그림 30 | 카피킬러 사용법

표절검사의 알고리즘은 [표절검사 대상 문서에서 복수의 검색어 추출단계] [인터넷을 통해 상기 검색어들이 포함된 웹문서를 추출하는 단계] [표절검사 대상문서 내 문장들과 추출된 웹문서 내 문장들로부터 복수의 색인어들을 추출하는 단계] [표절검사 대상문서에서 추출된 색인어들과 상기 웹문서에서 추출된 색인어들을 비교하여 상기 색인어들이 포함된 문장들의 유사성을 검사하는 단계] [유사성 검사 결과 상호 유사한 문장들이 발견되면 유사한 문장들의 주변문장들을 상호비교하는 영역유사성검사를 통해 표절검사 대상문서의 표절여부를 판정하는 단계]를 거친다. 시스템의 정확성은 형태소 분석방법 등 정밀도를 높이는 알고리즘에 따라 달라질 수 있지만, 최근에는 소스코드표절검사기법 등 다양한 연구가 시도되고 있어 표절여부를 분석하는 정확도가 매우 높아진 것이 사실이다. 또한 대부분의 저널에서 표절검사여부를 의무화하고 있어 학부생, 대학원생, 연구자들의 연구윤리에 대한 고도의 윤리성을 강조하고 있다.

Chapter

3

캡스톤디자인 과제수행 프로세스

1. 캡스톤디자인 과제수행 프로세스
2. 캡스톤디자인 교수자의 역할
3. 캡스톤디자인 수업
4. 캡스톤 디자인 수업 운영평가

Chapter

03 캡스톤디자인 과제수행 프로세스

제1장 캡스톤디자인 과제수행 프로세스

일반적으로 과제수행을 위해서는 프로젝트에 대한 개요 이해, 니즈발굴, 시장분석(선행연구 등), 전략과제 도출, 기획 수립, 성과물 도출의 프로세스를 거치게 된다.

1.1 문제해결 프로세스

(1) 니즈발굴

니즈발굴을 위해서는 '이슈도출'과 '트렌드분석'이 전제되어야 한다.

"이슈도출"은, 이슈도출을 위해서는 우선적으로 트렌드분석을 통해 정책, 경제, 사회, 기술, 환경 등에 관련된 트렌드를 분석하고, 이들 가운데서 사회적 파급효과가 높은 핵심이슈를 발굴, 이에 따른 대응방안을 도출하여 니즈를 발굴하고, 다양한 기술적 대안을 도출한다. 니즈를 발굴하는 것이 곧 비즈니스기회를 발굴하는 것이므로 과제수행에서 니즈발굴은 매우 중요하다.

"트렌드 분석"은, 전략과제 도출을 위해 반드시 거쳐야 하는 작업이 사회적, 환경적,

기술적 트렌드 분석이다. 사회환경변화에 대한 트렌드 분석은 앞으로 기업이나 국가가 나가야 할 방향을 세우는데 매우 필요한 과정이다. 트렌드 분석에서 STEEP분석과 PEST분석법을 자주 활용한다.

(2) STEEP분석[62)]

이 분석기법은 조직에 영향을 미치는 다양한 외부요인을 평가하기 위해 마케팅에서 일반적으로 사용하는 도구이다. 모든 기업은 결정단계에서 모든 외부요인을 고려해야 하기 때문에 주변의 중요한 변화를 인식하기 위해 환경분석을 진행한다. 기업은 신중한 분석과 빠른 결정이 필요하기 때문이다.

표 24 | STEEP분석

Social	Technological	Economic	Ecological	political
사회적, 문화적 환경에 대한 분석	기술적 환경분석	경제적 환경분석	자연환경 등 생태학적 변화 분석	정치적, 법적 환경변화 분석
• 인구통계학적 환경 • 인구변화에 따른 소비층의 변화 • 성역할 변화 • 문화가치와 사회적 다양성의 변화 • 국가의 교육 수준 변화(문맹률, 문해율 등) • 소비자 생활양식 변화	• 새로운 기술변화는 새로운 마켓 생성 • 기술혁신, 정보기술 발전 • 산업혁명4.0 • AI, Big Data, IoT, 자율주행 • 원격진료 및 화상진료 상담	• 기업의 마케팅 활동에 영향을 미치는 거시적 환경 분석 • 외환위기, 코로나19 등에 따른 소비자의 구매력 변화 • 팬데믹에 의한 국제경기의 변화 • 한 국가의 국제 경쟁력 변화	• 환경오염에 따른 피부질환 증가 • 엘니뇨, 라니뇨 현상이 가져온 기후변화에 따른 아웃도어 시장변화 • 클라이밋 체인지에 따른 일조량 변화와 농산물 변화 • 자동차시장 증가와 스모그 발생일수의 변화	• 국가의 법적, 정책적 변화에 따른 환경변화 분석 • 제조물책임법 (Product Liability, PL) 시행에 따른 법률환경 변화 • 동물보호법 개정에 따른 반려견산업의 동향변화 • 관광진흥법 시행령 일부개정에 따른 관광지 개발환경 변화

62) https://www.talkwalker.com/참고 재구성

Social	Technological	Economic	Ecological	political
• 인구통계 (출생률, 사망률) • 평균수명, 교육수준 • 사회계층간 임금격차 • 인구구조, 노동유연성	• 특허 및 보유특허 현황 • 신기술 정보 • 인터넷 기반기술 • 통신기술 환경 (5G, 6G)	• GDP 성장률, 실업률 • 외환보유고 • 국제수지 • 금융, 재정정책 • 임금수준, 소비성향 • 국제환율	• 공기 및 수질 환경 • 재활용 시설환경 • 환경규제 수준	• 정당정책, 정치권력, 개혁정책 변화 • 지원정책 변화 • 규제개혁, 민영화, 무역장벽, 조세정책 변화 등 • 통일, 남북경협
• Demographics • Life styles • Religion • Cultural values • Consumer behaviour • Advertising	• Innovation • Transport • Energy • Communication • R&D • Patent regs • Product life cycle	• Interest rates • International trade • Taxes • Savings • Inflation • Subsidies • Employment • Entrepreneurship	• Water • Wind • Soil • Food • Energy • Pollution • Environmental regs	• Political stability • Regulation of monopolies • Tax policies • Price requlations • Consumer • protection • Jurisdiction • Trade unions

(3) PEST분석

PEST 분석(Political, Economic, Social and Technological Analysis)[63]은 전략관리 분야에서 시장상황을 분석하기 위해 사용하는 도구이다. 조사해야 하는 시장의 정치적, 경제적, 사회적, 기술적 상황을 포함시켜 조사하는 방식이다. PEST분석은 성공적인 절차를 탐색하고 비생산적인 영향을 제거하기 위한 기반이 된다. PEST분석에 환경적 요인(Environmental)을 추가하면 STEEP분석이 될 수 있고, 법적요인(Legal situation)을 추가하면 PESTLE분석이 된다. PEST는 전반적인 시장환경을 이해하는데 특히 유용한 방법이다. 시장에 위협이나 위험요소가 많을수록 비즈니스 수행은 어려워지기 때문에 시장분석을 통해 Decision Maker는 계획과 의사결정에 보다 전략적으로 임할 수 있다. 또한 PEST분석은 프로젝트와 이니셔티브(initiative)를 전략적으로 계획하는데 도움이 되기 때문에 성공가능성이 가장 큰 프로젝트에만 집중할 수 있도록 해 준다.

63) https://www.lucidchart.com/ 참고 재구성

표 25 | PEST분석

Political factors	Economic factors	Socio-cultural factors	Technological factors
정치적요인은 법적 및 정부의 규정과 정치적 분위기가 조직의 운영 자유와 궁극적인 수익성에 어떤 영향을 미칠 수 있는지 분석	경제는 모든 비즈니스에 중대한 영향을 미치기 때문에 비즈니스 운영에 영향을 미칠 수 있는 경제적 요인 고려	사회문화적 요인은 인구구성과 대상 인구통계를 고려하여 비즈니스 시장에서 얼마나 잘 경쟁할 수 있는지 분석	조직과 업계에서 특정한 역할과 발전, 사회 전체에 영향을 미치는 광범위한 기술동향과 용도 고려
• 다가오는 전국, 지방 선거 • 주요 정치후보의 정책에 대한 견해 • 산업 및 경쟁에 대한 정부 규제 • 해당지역 또는 국가의 부패 혹은 조직 범죄 수준 • 전자상거래 (E-commerce) 정책 • 소비자 및 고용보호	• 현재의 경제적 안정성 (economic stability) • 예상 성장률과 인플레이션 율 • 금리(interest rates) • 재정정책 • 소비습관과 재정적 안정성 • 실업률과 일자리 경쟁률 • 신용에 대한 액세스 (개인, 비즈니스)	• 인구증가 및 인구 통계 (demographics) • 세대 변화 • 소비습관과 가치 (제품품질, 친환경성 등) • 가족 규모 및 구조 • 소비자 lifestyles • 이민율 • 일에 대한 태도 (attitudes toward work)	• 새로운 기술에 대한 조직의 액세스 능력 • 기술 접근에 대한 액세스 능력 • 기술변화율 • 인프라의 진화 • 정부 혹은 기관 연구

(4) SWOT분석

두 분석기법은 비즈니스환경을 보다 더 잘 이해하기 위해 함께 사용하기도 한다. 그러나 두 프레임워크는 서로 구별되기 때문에 서로 다른 수준의 비즈니스 분석에 적용한다. 예를 들어, PEST분석은 전체적인 비즈니스, 시장, 중요결정을 미치는 큰 그림(big picture)과 영향면에 중점을 둔다. PEST는 시장조사, 비즈니스 환경에 대한 광범위한 분석에 적합하기 때문이다. 반면 SWOT분석[64]은 조직자체로 범위를 좁혀서 강점(strengths), 약점(weaknesses), 기회(opportunities), 위협(threats)요인을 식별한다. SWOT분석은 종종 새로운 프로젝트를 시작 하거나 제품라인 평가를 위해 수행되기도 한다.

64) https://www.liveplan.com 참고 재구성

표 26 | SWOT분석

STRENGTHS	WEAKNESSES	OPPORTUNITIES	THREATS
조직이 콘트롤 가능한 조직 내부의 긍정적인 속성	약점은 강점을 손상시키는 부정적 요소로 개선해야 할 사항	기회는 성공에 기여할 수 있는 비즈니스 환경의 외부적 요인	통제할 수 없는 외부요인으로 이를 위한 비상계획 마련 필요
• 성공적인 비즈니스 프로세스는 무엇인가? • 조직에 어떤 자산이 있는가?(지식, 교육, 네트워크, 기술, 평판 등) • 어떤 물리적 자산이 있는가?(고객, 장비, 기술, 현금, 특허 등) • 경쟁사에 비해 어떤 경쟁우위요소가 있는가?	• 조직이 비즈니스 경쟁력을 갖추기 위해 필요한 것은 무엇인가? • 개선이 필요한 비즈니스 프로세스는 무엇인가? • 돈, 장비 같은 조직에 필요한 유형 자산이 있는가? • 조직에 공백이나 빈 곳이 있는가?	• 효율성을 높일 수 있는 기술발전이 있는가? • 제품에 대한 새로운 시장을 열 수 있는 소비자 인구 통계에 변화가 있는가? • 조직에 긍정적인 영향을 미칠 수 있는 규정변경이 예정되어 있는가? • 조직의 평판은 높은가?	• 경기침제, 신기술에 대한 경쟁업체의 액세스 능력 등 위협요인 • 시장 진입에 잠재적 경쟁자가 있는가? • 소비자 행동이 비즈니스에 부정적 영향을 미칠 수 있는 방식으로 변화하고 있는가? • 위협이 될 수 있는 시장동향이 있는가?

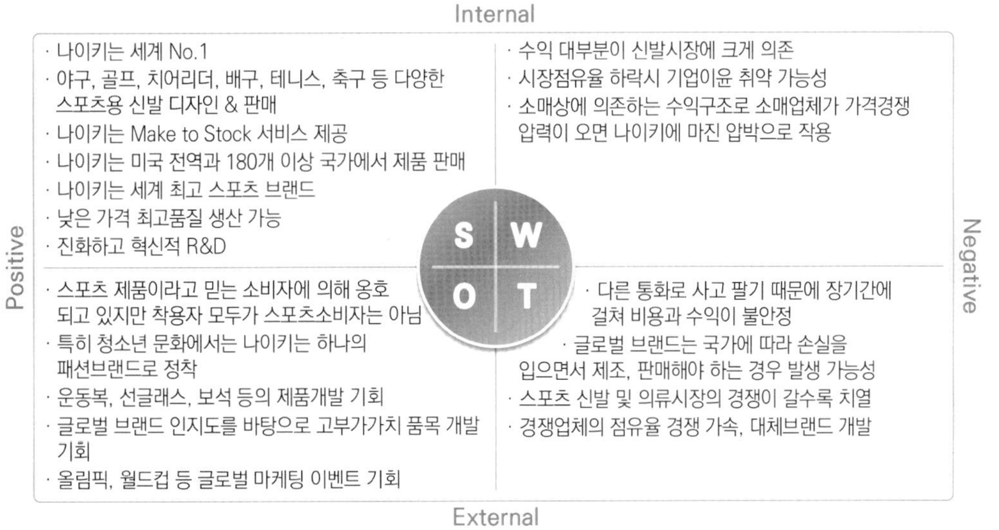

그림 31 | 나이키에 대한 SWOT분석 사례

<사례참조: https://creately.com 참고 재구성>

(5) PEST vs. SWOT분석

각 분석기법은 프로젝트를 성공적으로 이끌기 위한 뛰어난 통찰력을 제공하는 방법이다. 기법에 따라 약간의 차이는 있지만, PESTLE분석은 프로젝트나 조직에 영향을 미칠 수 있는 외부요인을 심층분석하는 장점이 있는 반면, 조직의 내부요소를 고려하지 않는 단점이 있다. 따라서 PEST분석만을 기반하는 프로젝트에서는 현재 요구사항에 자신의 강점을 일치시킬 수 있는 기회가 없다. SWOT분석은 내부 및 외부요인을 모두 고려하고, 기회 및 위협 섹션을 통해 외부요인을 찾아낸다. 그러나 외부요인에 대한 심층분석이 수행되지 않는 단점이 있기 때문에 프로젝트에 도움이 될 수 있는 외부요인을 놓칠 수 있는 단점이 있다. PEST분석과 같은 광범위한 분석이 보완될 수 있으면 좋을 것[65]이다.

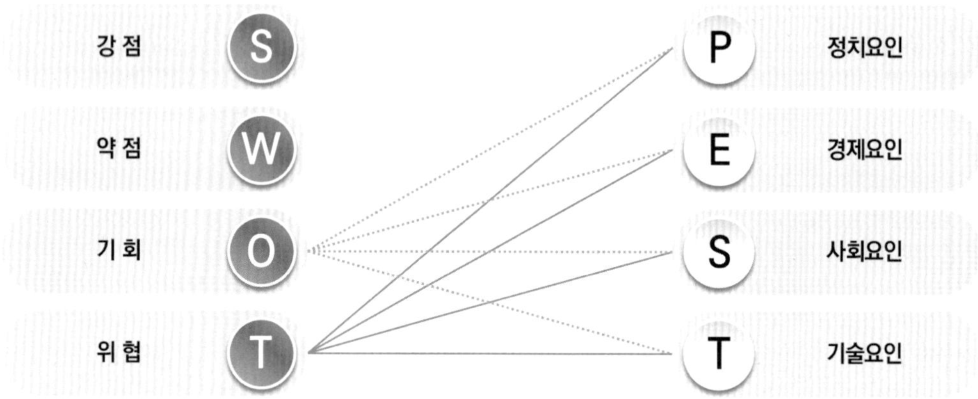

그림 32 | SWOT분석과 PEST분석

65) https://creately.com 참고 재구성

1.2 캡스톤디자인 과제수행 프로세스

(1) 캡스톤디자인수업 운영 매뉴얼(선문대학교)

캡스톤디자인교과 시행목적은, 캡스톤디자인을 통해 재학생의 설계능력 및 실무능력을 배양하여 취업역량 강화를 도모하는데 있다.

① 캡스톤디자인 프로젝트수업 유형 분류

표 27 | 캡스톤디자인 유형 및 지원규모

유형	요건	지원 금액
일반형	• 기업연계형과 리빙랩형을 제외한 기본 형태의 캡스톤디자인 과제	팀당 000,000원
다학제	• 2개 학과(전공) 이상이 함께 개설한 교과목	팀당 000,000원
기업연계형	• 기업에서 제시하거나 기업과 관련한 주제로 진행하여, 기업 담당자가 멘토로서 과제에 대한 기술지도/자문을 수행하며, 과제완료시 기업의 평가로 운영	팀당 000,000원
리빙랩형	• 지역 사회(충남, 세종)의 지자체, 공공 기관, 지역 기업, 주민과 관련한 주제로 캡스톤디자인 교과목 운영 • 일상 생활에서 삶의 질을 떨어뜨리는 각종 문제를 더욱 건강하고, 안전하고, 편리한 지역 사회로 만들 수 있는 문제 해결형 캡스톤디자인 • 지역 기관이나 지역 관계자 또는 지역 주민의 참여 필수	팀당 0,000,000원
4차 산업혁명 기술형	• 4차 산업혁명 혁신선도 대학의 주요 기술 분야인 인공지능, 임베디드, 빅데이터, 스마트 제조 중 1가지 또는 2가지 이상의 조합으로 진행하는 과제 • 전임교원과 기업계 인사로 이루어진 MASTER Advisor들이 평가 • 4차 산업혁명 기술형 해당 교과목 (2021-1학기: 전자공학과- 종합설계(Capstone Design)	`팀당 000,000원

② 캡스톤디자인 지원절차

과제 및 지원금신청	→	지원금 승인 및 지원	→	과제 수행 및 지원금 사용	→	정산보고서, 결과보고서 제출	→	지원금 잔액 반납
(학과 → 센터)		(센터 → 학과)		(학과 → 업체/학생)		(학과 → 센터)		(학과 → 센터)

그림 33 | 캡스톤디자인 행정절차

③ 제출서식1

【서식1】

캡스톤디자인 지원금 신청총괄표

□ 학기 : 2021학년도 1학기

□ 학과명 : *인문사회대학 국제레저관광학과*

□ 교과목명(분반) : 캡스톤디자인 11반

연번	교과목명	팀명	개발 과제명	지원금(원)
1 *(예시)*	*국제관광서비스론*	*1조*	*아산시 관광홍보영상 제작*	*000,000*
2 *(예시)*	*국제관광서비스론*	*2조*	*공주시 밤먹거리축제 개발방향 연구*	*000,000*
총 신청금액				*000,000원*

※ 붙임: 교육과정표, 강의계획서, 진도표, 통장사본, 체크카드 사본 각 1부

2021년 3월 일

지도교수 ____________ (서명/인)

선문대학교 산학협력교육센터장 귀하

④ 제출서식2

【서식2】 ※ 접수번호

캡스톤디자인 지원신청서

과 제 유 형	■ 일반형 □ 기업연계형 □ 리빙랩형 □ 4차 산업혁명 기술형				
과 제 명					
팀 명	좋은 친구들	대표 학생명		팀 원	총 명
교과목	교과목명	국제관광서비스론	분반	11	
	담당교수	안 ○ 주 (서명/인)	학점	3	
지원 신청 금액	금 ○십만 원(000,000 원)				

팀원 명단 (교과목 수강자에 한함)(대표학생 포함 기재)					
번 호	소속 학과	학 번	학년	성 명	연 락 처(휴대폰/이메일)
1 (대표학생)	국제레저관광학과				/
2	국제레저관광학과				/
3					
4					
5					

기업연계 /리빙랩 □유 □무	기업/기관명		사업자등록번호	[생략 가능]
	대표자명		담당자명	
	주소		업종/종목	

2021학년도 1학기 캡스톤디자인 지원을 신청함에 있어
관련 제반사항을 준수할 것을 서약하며 위에 기입된 개인정보 활용에 동의합니다.

2021년 월 일

신 청 인 : ____________________ (서명/인)
(대표학생)

학과/부장 : ____________________ (서명/인)

선문대학교 산학협력교육센터장 귀하

※ 접수번호는 산학협력교육센터에서 기입(공란으로 제출)
※ 지원금 지원팀 선정 후 변경된 내용이 있을 경우 신청서를 수정 제출함

⑤ 제출서식3

【서식2-1】

〈캡스톤디자인 계획서〉

** 5페이지 이내로 작성, 개조식으로 작성하며, 그림과 표를 활용함*
** 항목별 작성가이드는 신청서 제출 시 삭제*

1. 과제(또는 작품) 명

2. 선정 동기, 목적, 필요성

작성 가이드
-과제를 선정하게 된 동기, 목적, 필요성에 대하여 작성
-과제 수행을 통하여 해결 또는 갖추고자 하는 바를 작성

3. 과제(작품) 관련 배경조사

3.1 과제 관련 제품(보고서) 및 활동 현황

3.2 과제와 기존 제품(보고서) 및 활동의 비교 분석

작성 가이드
-과제 관련 유사 제품(보고서) 현황
-과제와 기존 유사 제품(보고서) 간의 관련성/차별성 등

4. 과제(작품) 계획안

작성 가이드
-과제를 통해 해결 하고자 하는 바를 상세하게 제시

5. 과제(또는 작품) 해결 방안 및 과정

5.1 과제의 해결 방안, 과정 등 설명

5.2 팀원의 역할

연번	소속학과(전공)	학번	학년	성명	역 할	비고
1						
2						
3						
4						
5						

5.3 팀 활동 방안

작성 가이드
-과제에서 해결 과정 및 해결방법 등에 대하여 설명함
-팀 활동을 효과적, 효율적으로 수행하기 위한 활동 방안 제시
-팀 인원은 3명 이상이며, 최대 인원에 대한 제한은 없음

6. 기업연계형 & 리빙랩형 내용

작성 가이드
-기업연계형 또는 리빙랩형 과제일 경우에만 작성
-과제 주제 및 계획에서 기업/기관과 연계될 내용을 구체적으로 기재
-기업/기관의 사업분야와 과제 주제와의 연관성(기업/기관의 참여 방법 또는 기업/기관으로의 기여부분 등), 기업 참여활동 내용 등

7. 4차 산업혁명 주요기술 분야

기술 분야	□ 임베디드 □ 인공지능 □ 빅데이터 □ 스마트제조

8. 지원금 사용 계획 (세액 포함)

품 명	용 도	단가(원)	수량	금액(원)	지원금 집행시기	비고
재료, 실험실습 및 문구용품비				*100,000*		
결과물 인쇄/제본비				*20,000*		
도서 및 문헌구입비				*30,000*		
교통비				*20,000*		
회의비				*30,000*		
합 계				*200,000*		

작성 가이드
-과제를 해결하기 위해 필요한 재료 및 문구용품 구입, 결과물 인쇄비, 문헌구입비, 교통비, 회의비 등의 용도를 계획하여 작성함

9. 참고문헌 (선택)

작성 가이드
-지원신청서 작성 및 과제 수행에서 참고한 참고문헌 제시
-국문 참고문헌 예시
홍길동(2003. 11). "제목"「도서명」 출판사
홍길동(2003. 12). "제목"「잡지명, Vol. No.」
-영문 참고문헌 예시
Hong Gil Dong(2002. 6). "영문제목". 출판사

⑥ 제출서식4

【서식3-2】

캡스톤디자인 활동보고서

<table>
<tr><td>과 제 명</td><td colspan="3"></td></tr>
<tr><td>활동 내용</td><td colspan="3">□ 연구 · 조사 활동 □ 회의 활동</td></tr>
<tr><td>학 과 명</td><td></td><td>팀 명</td><td></td></tr>
<tr><td>활동장소</td><td></td><td>활동일시</td><td>2021. . .
(00:00 ~ 00:00)</td></tr>
<tr><td>활동내용</td><td colspan="3">[그림, 도표, 사진 등을 활용하여 활동 내용을 상세히 작성, 10줄 이상]</td></tr>
</table>

<table>
<tr><td rowspan="6">참 석 자</td><td>소속 학과</td><td>학번</td><td>학년</td><td>성명</td><td>서명(Sign)</td></tr>
<tr><td></td><td></td><td></td><td></td><td></td></tr>
<tr><td></td><td></td><td></td><td></td><td></td></tr>
<tr><td></td><td></td><td></td><td></td><td></td></tr>
<tr><td></td><td></td><td></td><td></td><td></td></tr>
<tr><td></td><td></td><td></td><td></td><td></td></tr>
</table>

<table>
<tr><td rowspan="2">항 목</td><td>사용내역</td><td>사용금액(원)</td><td>비고</td></tr>
<tr><td>*회의비*</td><td></td><td>*0인(인원수)*</td></tr>
</table>

상기와 같이 캡스톤디자인 과제수행을 위한 활동을 하였기에 결과를 보고합니다.

2021년 월 일

대표학생 학과명 : 성명 : (서명/인)

선문대학교 산학협력교육센터장 귀하

⑦ 제출서식5

【서식4】 ※ 접수번호

캡스톤디자인 결과보고서

과 제 유 형	■ 일반형 □ 기업연계형 □ 리빙랩형 □ 4차 산업혁명 기술형					
과 제 명						
팀 명	*좋은 친구들*	대표 학생명		팀 원	총 명	
교과목	교과목명	*국제관광서비스론*		분반	*11*	
	담당교수	*안 ○ 주* (서명/인)		학점	*3*	
총 사용 금액	금 *○십만* 원(*000,000* 원) *실제 사용 금액 기입*					
캡스톤디자인 경진대회 참가 희망여부(9~10월 중)				□ 참가 □ 비참가		

팀원 명단 (교과목 수강자에 한함)(대표학생 포함 기재)					
번 호	소속 학과	학 번	학년	성 명	연 락 처(휴대폰/이메일)
1 (대표학생)	*국제레저관광학과*	*2018000000*	*4*	*김 ○ 현*	*010-0000-0000 / mail@sunmoon.ac.kr*
2	*국제레저관광학과*				/
3					
4					
5					

기업연계 /리빙랩 □유 □무	기업/기관명		사업자등록번호	*[생략 가능]*
	대표자명		담당자명	
	주소		업종/종목	

2021학년도 1학기 캡스톤디자인 결과보고서를 제출합니다.

2021년 월 일

신 청 인 : ____________________ (서명/인)
(대표학생)

학과/부장 : ____________________ (서명/인)

선문대학교 산학협력교육센터장 귀하

※ 접수번호는 산학협력교육센터에서 기입(공란으로 제출)

제2장

캡스톤디자인 교수자의 역할

2.1 교수자의 역할

수업방법은 설명식 수업방법, 대화·토론식 수업방법, 질의응답식 수업방법, 체험식 수업방법 등 매우 다양하다. 또한 전공에 따라 다양한 수업방식이 혼용되어 사용되거나, 정보기기의 발전에 따라 어프로치 방식 또한 매우 다양하게 변하고 있다. 그러나 가장 중요한 것은 수업의 중심이 교수자 중심으로 진행되는 것과 학습자 중심으로 진행되는 것으로 나눌 수 있다.

교수자의 본질은 지(智), 정(正), 의(義)가 용해된 통합된 전문가로서의 전인적 노력이 수반되어야 하는 행위이다. Seaberg(1974)는 교수자의 4가지 역할에 대해 관계형성자, 진단자, 중재자, 앞의 3가지를 종합적으로 연출하는 종합연출자과 같은 예술가가 되어야 한다고 지적한다. Resilient Educator[66]의 주장에 따르면 교수자의 역할을 5가지로 제안하고 있다. Resource, Support, Mentor, Helping hand, Learner가 그것[67]이다.

그림 34 | 5 Roles for Teacher

66) https://resilienteducator.com/
67) https://resilienteducator.com/classroom-resources/참고 재구성

표 28 | 교수자 중심 VS 학습자 중심

준거 기준	교수자	학습자
학습 중심	• 주체적 행위자(교수자) • 학습의 목적, 목표, 내용, 방법, 절차 등에 대해 절대적 결정권자 • 교수자의 철학, 사상, 가치관 등이 주관적으로 작동 • Top Down식 일방적 학습분위기 가능성 • One Way방식의 커뮤니케이션	• 주체적 행위자(학습자) • 학습자 개인 혹은 집단으로 방법과 절차를 결정 (주체적 자율학습) • 학습자의 주체적이며 능동적인 학습태도 확립 • Bottom Up식 학습분위기 조성 • Interactive Communication 분위기 조성

2.2 캡스톤디자인 수업에서의 교수자 역할

PBL(Project Based Learning)은 학습에 참여하는 학생들에게 보다 깊고 오래 지속되는 학습경험을 제공하고, 교육기회에서 멀어진 학생에게 조차 변화를 가져올 수 있다.

PBL에서의 교수자의 역할은 교수자가 교실의 주인공이 아니고 교수자는 코치 또는 가이드역할을 충실히 하는 것으로 변경된다. 교수자는 학생들이 문제를 발견하고, 해결책을 찾을 수 있도록 가이드하는 역할로 스윗치되야 한다. 교수자가 리드하는 PBL수업은 캡스톤디자인 수업의 본질에 대한 이해부족에서 오는 것이다.

조심해야 하는 것은 가이드가 지나치면 학습자들이 자율적으로 문제의 핵심을 찾고, 해결책을 찾는데 방해가 될 수 있다. 교수자가 지나친 정보를 제공하거나 의견을 제안하게 되면 학습자들은 교수자가 정해준 방향으로 나침반을 맞추게 되고, 정답이 하나뿐이라는 선입견을 갖게되면 캡스톤디자인 수업의 본질이 흐려질 수 있다. 학습자가 교수자가 원하는 답을 알아내려는데 집중하게 되면 스스로 문제의식을 갖고 문제를 찾아내고, 해결책을 도모하고, 토론하고, 생각을 확장하는 일련의 학습활동을 제한하게 된다. 교수자는 학습자들이 질문을 다르게 할 수 있도록 하는게 중요하고, 똑 같은 사물이나 사안(事案)에 대해 누구나가 생각하는 것과 다른 시각으로 볼 수 있도록 촉매 역할을 하는 것으로 개입을 최소화해야 한다.

PBL에서의 교수자는, 전통적인 교수자 역할에서 벗어나 '지원(support), 공감(empathy), 영감(inspiration)[68]'을 제공하고, 사고하고 성장 및 참여를 촉진시키며, 학생 중심으로 교실활동이 일어날 수 있도록 안전한 가이드 역할을 할 수 있어야 한다.

그림 35 | PBL에서의 교수자 역할

68) https://www.gettingsmart.com/

제3장

캡스톤디자인 수업

3.1 캡스톤디자인 교과목 운영 프로세스

캡스톤디자인 교과목은 창의적 종합설계 능력을 갖춘 인재를 양성하기 위한 목적이며, 졸업 후 취업역량을 향상시키기 위한 방안의 하나이다. 기업이 요구하는 인재양성을 위해 실전력 (實戰力)을 길러주고 스스로 문제를 도출하고 해결책을 제시하는 설계능력을 길러주기 위함이 대학이 운영하는 캡스톤디자인 교과목의 두 번째 목적이다.

캡스톤디자인 교과목을 운영하기 위해서는 1) 정규 교과목에 캡스톤디자인 혹은 종합설계과목임을 명기 2) 팀 프로젝트 및 학기 단위 형태의 진행 3) 실험 실습비 지원(유형별 차등지원) 4) 캡스톤디자인 교과목 운영목적에 부합하는 성과물 도출이 필요하다.

3.2 캡스톤디자인 교과목 진행 프로세스

그림 36 | 캡스톤 디자인 수업진행 프로세스

캡스톤디자인 교과목이 개설되면 일반교과목과 함께 수강신청을 통해 수강생을 모집하지만, 팀 프로젝트가 베이스인 강의 특성상 수강생을 20명 이하로 제한하고 있다. 또한 팀 빌딩

단계에서는 3~4명으로 팀을 구성하는 것을 원칙으로 하고 있다. 구성원이 많으면 프로젝트에 형식적으로 참여하는 비율이 늘어난다는 보고도 있다. 성적을 부여하는 단계에서는 성과물 평가 뿐만 아니라 팀평가도 함께 수행한다. 팀평가는 상호평가를 원칙으로 한다.

3.3 수업계획서 작성

캡스톤디자인 수업은 일반수업에 비해 교수의 역할이 매우 중요하고, 학기에 들어가기 전부터 철저한 준비가 수반되어야 한다. 예를 들어, 캡스톤수업의 유형을 무엇으로 할 것인지? 결정하는 일부터 시작해야 한다. 선문대학교 캡스톤디자인 수업은 일반형, 다학제형, 기업연계형, 리빙랩형, 4차산업혁명기술형 등으로 분류되어 지원되고, 각 유형별로 교수자가 준비해야 하는 사항이 있다. 기업연계형을 진행하고자 하는 경우에는 수강신청 이전에 기업과 접촉해서 기업협력을 얻어내야 하고, 리빙랩형으로 진행하고자 하는 경우에는 정부기관과의 컨텍을 통해 협력을 끌어내야 하는 등 다양한 액션플랜이 필요하다. 선문대학교에서는 글로벌 다학제 캡스톤디자인 수업을 진행하고 있어 외국과의 글로벌 협력과제도 진행시키고 있다. 대학에 따라서는 캡스톤디자인 수업유형을 산학 연계형과 전공심화형으로 분류하는 경우도 있는 등 이제 캡스톤디자인 수업은 이공계나 예술계통의 전유물이 아니라 다양한 전공에서 운영되고 있고, 학제간 수업도 활발하게 진행시키고 있다. 2018년에는 기업연계형 다학제 캡스톤수업을 진행한바 있는데, 국제레저관광학과와 토목학과, 건축학과, 도고파라다이스(기업)와 연계하여 학생의 시각에서 바라본 창조적인 기업 발전방향에 대한 프로젝트를 진행했다. 따라서, 캡스톤디자인 수업을 담당하는 교수자는 정부기관, 기업, 연구소, 민간단체 등 다양한 기관들과의 협력을 모색할 수 있는 역량과 HRP(Human Resource Performance)능력을 가져야 한다.

3.4 과제(주제)선정

과제 혹은 프로젝트 진행을 위한 연구주제를 정할 때 우선 주의해야 할 점은 '주제를 너무 거창하게 잡는다거나, 너무 협소하게 정하는 것을 피해야' 한다. 주제가 너무 거창하면 연구해야 하는 범위가 지나치게 넓어서 주어진 시간 내에 과제를 수행할 수 없게 된다.

반대로 주제가 너무 협소하게 되면 연구할 대상이 너무 작아서 한 학기간 진행해야 하는 과제대상이 못되는 경우가 있다. 물론 이공계인 경우에는 작품 및 제작기간이 있기 때문에 인문사회계열과는 주제 선정에 차이가 있음을 밝혀 둔다. 본문에서는 인문사회계열학부 캡스톤디자인수업 주제선정에 대한 개인적인 어프로치방법을 기술한다.

(1) Stage 1 : 주제선정에 대한 오리엔테이션

캡스톤디자인 수업에 대한 개념 설명, 캡스톤디자인 수업 진행을 위한 주제선정 개념 설명, 과제 및 연구주제 선정에 대한 지도교수의 방법론적 가이드 제공, 필요시에는 동영상 제작을 통해 주제선정에 관한 영상강의를 진행한다.

주의 진행을 빨리 하기 위해서 과거에 진행되었던 프로젝트 주제를 공개하는 것을 지양한다. 이는 교수자의 의견이 담긴 해답형 주제 제시는 학습자들의 생각을 한 방향으로 고정시킬 위험성에 노출시킬 수 있고, 가능한 한 학습자 개개인이 생각할 수 있는 큰 방향을 제시하는 정도로 교수자의 역할을 제한할 필요가 있다. 또한, 평소에 느꼈던 생활과 자신의 전공과의 관계 속에서 주제 혹은 문제의식을 가져보도록 유도하여, 주제잡기 카드 작성을 과제로 제출을 요구(수업을 위한 e강의동에 탑재 요청)한다.

표 29 | 캡스톤 디자인 수업 주제 제안서 작성 양식

캡스톤 디자인 수업 주제 제안서 작성

담당교수 : 안○주 교수

제안자 성명	소속	E-mail	전화번호
주제			
제안 주제의 목적 및 내용			
기대효과			

(2) Stage 2 : 피드백

학생들이 작성한 주제 제안서에 대한 각각의 제안설명 기회를 제공(1인 3개 제안서 작성 사전 요청)한다.

발표한 제안서에 대해 교수자의 코멘트를 통해 학습자들에게 공통된 메시지를 전달할 수 있는 기회로 활용하고, 이를 통해 주제에 대한 다양성을 엿볼 수 있고, 제시된 주제를 어떻게 수업에 적절한 캡스톤디자인 주제로 다듬을 수 있는지 한번 더 고민할 수 있는 힌트를 제공(팁 제공 정도로 제한, 정답을 주는 것은 최대한 피해야 함)할 수 있다. 이런 과정을 통해, 주제 제안 카드 발표를 통해 스스로의 제안내용에 대해 스크리닝할 수 있는 기회를 제공하게 된다. 온라인 LMS가 있는 경우에는, e강의동에 1차 필터링을 거친 주제 제안카드를 재 탑재하도록 요청한다.

(3) Stage 3 : 주제선정

가이드로서의 교수자의 경험을 통한 캡스톤디자인 수업에 적절한 주제를 탑재된 제안서 카드를 통해 사전에 발췌해 둘 필요가 있다.

수업을 통해 학생들의 두 번째 제안설명을 듣고, 학생들로 하여금 전체에 제안된 주제 가운데 3개씩 선정할 수 있도록 유도한다.

주의 수업 초반에 주제를 선정해야 하므로 교수자의 경험치를 최대한 발휘해야 하는 경우가 많다. 우선은, 학생들이 선정한 주제를 액셀 파일로 소팅해서 중복된 주제를 제외한 주제를 리스트 업하고, 교수자가 사전에 발췌해 둔 주제 혹은 교수자가 방향제시를 위해 작성한 주제를 학생들이 선택한 주제와 함께 제시하는 것도 좋은 방법이다.

학습자들에게 투표 혹은 기타 방법으로 순위를 결정짓게 하여 학생들이 가장 관심있어 하는 주제를 정할 수 있도록 유도한다. 주제를 정함에 있어서는, 한 학기 캡스톤디자인 수업의 주제(과제)로 가져갈 수 있을 정도의 주제가 선정될 수 있도록 교수자의 가이드가 필요(그러나 정답을 제시하는 것은 피해야 함)하다. 주제가 너무 작거나 지나치게 크지 않도록 조절해야 한다.

(4) Stage 4 : 팀 빌딩

팀 빌딩(Team Building)은 전체 수강자를 고려해서 구성해야 한다. 한 팀의 구성원은 3~4명으로 구성(5명 이상이 되면 프로젝트에 호응도가 떨어지는 경향이 있음)하는 것이 좋다. 구성원이 너무 많으면 프로젝트에 무임승차하는 학생이 발생하기 쉽다.

참가자를 대상으로 본인이 참가하고 싶은 주제를 선택하도록 유도하고, 한 주제로 신청자가 몰리지 않도록 인원배정은 교수자가 결정한다.

참고 팀원 배정을 받기 전에 결정된 5~6개의 주제에 대해 적극적으로 참가하고 싶은 학생을 팀장(조장)으로 추천 혹은 신청을 받아서 진행한다. 팀 참가자는 학생들이 호응하는 방식으로 다양한 신청방법을 활용(각종 SNS툴을 활용)하는 것도 참여 의욕을 불러 일으키는데 도움이 된다.

(5) Stage 5 : 주제 좁히기

본격적으로 주제에 대해 고민 할 수 있도록 교수자의 적극적인 개입이 필요한 시점이다.

비록 주제가 선정되었지만 캡스톤디자인에 어울리는 주제가 되기 위해서는 더 많은 고민이 필요한 시점이므로, 교수자의 적극적인 개입이 필요(단, 지름길은 피할 것)하다. 아직 훈련이 덜 되어 있는 학생들은 아직도 주제에 대한 개념이 매우 떨어지는 것이 현실이다.

웹서핑을 통해 주제와 관련된 다양한 정보를 우선적으로 섭렵할 수 있도록 가이드하는 것도 한 방법이다. 온라인 자료를 검색하는 경우에는, 가급적이면 N이버, D음 등 국내포털을 사용하기 보다는 G글, Y후와 같은 포탈을 사용할 수 있도록 유도(국내포털인 경우 정제된 정보를 제공하는 경우가 많아서 참가자들에게 인접한 정보를 골고루 살펴볼 수 있는 기회를 박탈하는 경향 있음)하는 것도 한 방법이다.

한국어뿐만 아니라 영어 혹은 구성원이 탐색 가능한 외국어를 통해 외국 사이트에 대한 웹서핑을 할 수 있도록 유도(선문대학교에는 다양한 국가의 유학생이 포함되어 있어 글로벌 캡스톤디자인 수업을 진행하는데 매우 유리함)하고, 찾아 본 선행연구, 보고서,

성과물 등을 다양하게 검색하고 의견을 나눌 수 있는 기회를 제공한다.

주의 팀 빌딩 이후에는 모든 작업은 팀별로 진행하여 팀장을 중심으로 역할 분담 등 협력분위기가 조성되도록 유도한다.

(6) Stage 6 : 주제확정

팀 별로 주제에 대한 다양한 자료 탐색과 디스커션을 통해 주제가 픽스될 수 있도록 가이드하는 것이 필요하다.

팀별로 주제에 대한 의견청취를 통해 부족한 부분과 보완되어야 하는 부분에 대한 교수자의 의견제시(단, 의견을 제시하는 정도로 제한)를 통해 방향을 잡을 수 있도록 유도하고, 학생들의 고민을 통해 캡스톤디자인 수업으로 한 학기간 진행시킬 주제를 픽스시켜 나간다.

선문대학교 국제레저관광학과 캡스톤디자인수업 주제선정 절차는 다음과 같다(국제레저관광학과 2017년 사례).

① 파라다이스 도고의 발전방향과 발전전략 - 2017년 기업 연계형 다학제 캡스톤 디자인 수업

기업연계형 다학제 캡스톤디자인으로 프로젝트를 진행했다. 관광리조트기업인 파라다이스도고의 발전방향에 대해 기업과 3개 전공 (국제레저관광학과, 건축과, 토목과)이 합동으로 다학제 캡스톤디자인 프로젝트를 진행시켰다. 기업방문, 기업의 발전전략 브리핑 등 현장방문과 인터뷰 등을 기반으로 전략을 수립해 나갔고, 기업과의 연계를 통해 대학생의 시각에서 바라볼 수 있는 기업의 발전전략을 모색해 볼 수 있는 기회를 가졌다.

기업임원, 외부자문위원, 심사위원과 함께 최종발표대회 개최 (우수발표팀 포상 포함)를 진행시켰고, 3개 학부를 5팀으로 구성(인문사회계+이공계로 구성)해서 프로젝트를 진행했다.

② 환황해권 풍어제를 통한 메가 이벤트 기획 - 2018년 일반형 캡스톤 디자인 수업

전국적으로 지역 축제가 대유행이다. 2017년에 진행된 지역의 축제들은 그 수가 733개이다. 그만큼 지방자치단체에 있어서 축제는 지역의 정체성을 확보하고, 지역 주민의 삶의 질 향상과 지역 경제적 부가가치를 활성화시키는 수단으로서 일상화된 방향으로 발전되고 있음을 알 수 있다. 그러나 거의 모든 전국의 지방자치단체에서 적극적으로 시행 되는 축제들이 과연 본래의 목적을 제대로 달성하고 있는지는 상당히 의문스럽다. 오늘날 지역축제는 축제의 본질과 동떨어진 소위 한국형 축제들이 주류를 이루고 있다. 한국형축제는 향토축제에 기초하고 있다. 전통문화의 발전 및 다음세대로의 계승을 위해 남녀노소 즐길 수 있는 메가 이벤트로써의 전통축제의 개발이 필요하다.

팀 구성 최○정, 김○진, 최○아

③ 밀레니엄 세대의 방문을 활성화하기 위한 천안박물관 개선 방안
- 2018년 일반형 캡스톤 디자인 수업

많은 박물관이 운영되고 있으나 흑자를 내는 박물관은 많지 않다. 2016년도 전국 시·도의 국공립박물관은 2000억원이 넘는 누적 적자를 기록하고 있고 점차 증가되고 있다. 2017년도 박물관 운영현황에 따르면 2017년도까지 폐관 및 휴관중인 박물관은 총 48개로 나타난다. 총 수입의 합을 살펴보면 1억~2억 오천만원이라고 응답한 비율이 24.6%로 가장 높게 나타났다.

사립박물관을 제외한 국립박물관, 공립박물관, 대학박물관은 총 수입보다 지출이 더 큰 것을 볼 수 있다. 지속적으로 초과지출이 일어나면 박물관을 관리하는데 필요한 지출을 줄이게 되어 박물관의 환경이 점점 악화될 가능성이 커질 것이다. 따라서 본 프로젝트를 통해 박물관 활성화 방안을 모색한다.

팀 구성 나○영, 유○정, 이○진

④ 투어리스티피케이션에 따른 거주민과 관광객의 공존방안모색
- 2018년 일반형 캡스톤 디자인 수업

이 연구는 국내외 지역에 빈번하게 나타나고 있는 투어리스티피케이션 현상으로 인하여 얽혀있는 복잡하고 다양한 지역 거주민과 관광객의 갈등과 투어리스티피케이션 현상으로 인한 행동 및 사회적 현상을 설명하기 위한 연구가 매우 부족한 편인 만큼 현상학적 검증을 통한 질적 연구를 통해 더 심층적으로 연구를 진행함으로써 지역 거주민과 관광객의 갈등을 체계화하여 구체적으로 분석하고 이를 통해 투어리스티피케이션 현상에 대한 견해 차이를 도출하여 해결방안을 모색해 나가려고 한다. 북촌 한옥마을에서 나타나고 있는 투어리스티피케이션 현상으로 인하여 갈등을 겪고 있는 북촌 거주민과 관광객을 분석하기 위하여 질적 연구방법을 선택하였다.

팀 구성 김○현, 박○진, 김○민

⑤ 광교의 수원 컨벤션센터를 활용한 MICE 산업 관광 활성화 방안 모색 - 2018년 일반형 캡스톤 디자인 수업

본 연구는 새롭게 완공되는 수원컨벤션센터를 중심으로 지역균등발전과 지역사회의 경제적 이익을 기대하며 신도시 관광산업 발전을 목표로 한 활성화 방안을 모색하고자 한다. 본 연구는 그러한 사회적 이슈에 맞는 MICE 산업의 활성화 방안을 모색하며 점차 발전되어가고 있는 신도시의 대표 격인 광교 신도시를 타겟으로 잡아 새롭게 지어지는 수원컨벤션센터를 지역균등발전을 도모할 수 있는 큰 역할이 될 것이라는 기대를 갖고 수원컨벤션센터를 활용한 MICE산업의 활성화 방안을 모색하고자 한다.

팀 구성 이○희, 연○건, 토○모토○나

⑥ 외국인 이주민 집단 거주 도시의 부정적 이미지 개선 방안 모색 - 2018년 일반형 캡스톤 디자인 수업

가리봉동과 대림동은 중국동포 밀집지역으로 구로세무서 관할인 가리봉동은 전체 인구 2만여 명 중 외국인 거주자가 30% 이상을 차지하고 있어 조선족 밀도가 높은 곳이다. 대림동과 가리봉동은 한국인들 사이에서는 '기피 지역'이 되었다. 중국인은 더럽다, 시끄럽다. 등의 부정적 인식과 '오원춘 사건[69]','흑사파[70]'사건 등으로 한때 우범지역으로 여겨졌지만 구청과 주민들은 도시 이미지를 개선시키기 위해 도시재생 사업과 환경 개선에 총력을 기울여왔다.

조선족들을 각종 강력범죄를 일으키는 범죄조직이라고 표현하는 영화 황해, 청년경찰, 범죄도시 등은 조선족과 그들의 거주 지역에 대해서 좋지 않은 인식을 주게 되었다. 이에 대한동포총연합회 등으로 구성된 '중국 동포, 다문화, 지역사회와 함께하는 한국영화

69) 2012년 4월 1일 대한민국 경기도 수원시에서 조선족 오원춘이 한국인 여성을 집으로 납치하여 목 졸라 살해한 뒤 시신을 토막 낸 사건

70) 2001년 연변 출신의 조직원들을 모아 '연변 흑사파'를 만들고 중국 동포들이 주로 거주하고 있는 서구 구로구 가리봉동 '차이나타운'에 정착하여 범죄 행위를 일삼은 사건

바로세우기 범국민대책위원회(대책위)'를 출범시키고 영화 〈청년경찰〉을 대상으로 소송을 제기했다. 중국 동포들은 이 영화를 두고 "조선족을 범죄자로 낙인찍고 대림동 등 지역 상권을 어렵게 만드는 나쁜 영화"라며 집단 반발을 하기도 했다. 우리는 이러한 문제점을 파악하고 개선 방안을 찾고자 한다.

팀 구성 임○연, 권○준, 조○희

⑦ 충남 아산시 홍보영상 제작 프로젝트
- 2019년 정부 기관 연계형 리빙랩 캡스톤 디자인 수업

아산시와 충남정보문화산업진흥원(충남도 산하기관)과 함께 리빙랩유형 캡스톤디자인 수업으로 진행했다.

충남도 기관의 협조를 통해 기관의 시설과 엔지니어를 통해 홍보동영상 제작을 위한 시나리오 작업, 동영상 촬영방법, 동영상 편집방법, 저작권법에 저촉되지 않는 동영상 제작방법, 자막 첨부 등 다양한 동영상 편집방법에 대한 수업으로 진행했고, 현장촬영을 통해 학습자의 현장이해와 촬영과정, 소품활용, 촬영을 위해 아산시민 및 관광지 방문객과의 소통 등 체험을 제공했다.

스마트폰의 뛰어난 영상품질을 활용한 촬영, 전용 촬영카메라를 사용한 영상물 등을 사전교육에서 충분히 학습한 후 현장촬영에 임했다. 최종 발표에는 아산시 관계자, 충남도 관계자, 기관관계자, 선문대학교 관계자를 초청하여 최종발표 및 영상발표를 진행시켰고, 결과물(성과물)은 유튜브를 통해 영상을 공개했다.

샘플 동영상 감상

- 아산관광지 홍보영상 : https://youtu.be/RcdWIO2572I
- 아산에서 미래를 여는 아이들 : https://youtu.be/rAevA38rZQs
- 아산에서의 어느 주말 : https://youtu.be/W0y2N6dqCTY
- 커플여행하면 아산이지 : https://youtu.be/Z9_25Ckk6Sw
- 아산을 담다 : https://youtu.be/qapoFslwCF8
- KoreAsan : https://youtu.be/PfAgrrYfUnI

표 30 | 기업연계형 캡스톤디자인 사례

2017 기업연계형 캡스톤 디자인 운영 협약서

제 1조(목적) 『 **선문대학교 국제레저관광학과 교수 안용주** 』와(과)『 **(주)파라다이스 도고** 』는(은) 선문대학교 학생의 산업체 교육에 대한 기여 및 학생에게 창의·융합적인 마인드를 고취시킬 수 있는 2017년도 기업연계형 캡스톤 디자인 운영 협약을 체결한다.

제 2조(협력의 내용 및 범위) 『 **선문대학교 국제레저관광학과 교수 안용주** 』와(과)『 **(주)파라다이스 도고** 』는(은) 상호 신뢰 하에 다음 각 호의 "업무"에 대하여 적극적으로 협력하기로 한다.

1. **(주)파라다이스 도고**는「 기업연계형 캡스톤 디자인 」을 운영을 위한 산업체-교수-학생 간 과제도출 및 학생 연구지도에 적극 참여한다.
2. **국제레저관광학과 교수 안용주**는(은)「 기업연계형 캡스톤디자인 」의 효율적 운영을 위하여 업체의 의견을 적극 수렴하고 수업에 반영하며, 학생들의 팀별 과제 수행이 그 성과를 낼 수 있도록 충실히 지도한다.
3. 본 협약에 의해 운영되는「 기업연계형 캡스톤디자인 」의 주요사항은 다음과 같다.

교과목명	지도교수	지도기간	팀명	기업제시주제
관광취업전략	안 용 주	2017.8.26. ~ 2017.12.20	1조 / 4조	파라다이스 도고의 발전방향과 발전전략
창업실무	윤 ○ ○	2017.8.26. ~ 2017.12.20	2조 / 5조	
건축기획과 개발	김 ○ ○	2017.8.26. ~ 2017.12.20	3조 / 6조	

제 3조(기본 운영원칙) 양 기관은 상호 협력함에 있어 당해 기관의 제규정을 준수하고 상호 호혜적인 기반위에서 교류 및 협력관계를 유지한다.

제 4조(협의조정) 본 협약에서 규정하지 아니한 사항이나, 협약 내용을 변경하고자 하는 경우에는 양 기관의 협의에 의한다.

제 5조(기밀유지) 양 기관은 상호 연구 및 교류를 통해 인지된 제반사항을 상대 기관의 동의 없이 제 3자에게 제공하거나 타인과 공동으로 활용할 수 없다.

제 6조(협약의 효력) 이 협약은 **국제레저관광학과 교수 안용주**, **「(주)파라다이스 도고」의 대표자**이(가) 서명한 날로부터 발생한다.

이 "협약"의 체결을 증명하기 위하여 협약서 2부를 작성하여 서명·날인한 후 각 1부씩 보관하기로 한다.

2017. 8. 26.

(주)파라다이스 도고 대표
이 ○ 범

선문대학교 국제레저관광학과
안 용 주

제4장

캡스톤 디자인 수업 운영평가

4.1. 학기 사전·사후 설문조사

캡스톤 디자인 수업은 교수와 학생에게 모두 낯선 경험이 될 수 있다. 교수는 수업 준비 과정에서 많은 시행착오를 경험할 수 있고, 학생도 수업 운영에 대한 이해 부족으로 수업에 대한 기대와 실제가 다를 수 있다. 이러한 시행착오는 가급적 최소화되어야 하며 학기 진행에 따라 개선될 필요가 있다. 이를 위해 캡스톤 디자인에 대하여 사전·사후 설문조사를 실시함으로서 수업 만족도를 확인하고 교수법에 대한 개선 자료로서 활용하는 것이 바람직하다.

설문조사에 단일한 원칙이 있는 것은 아니다. 다만, 캡스톤 디자인 수업의 융통성을 고려하면 선택형 설문보다는 심층면접을 통하여 학생들의 인식과 평가를 세밀하게 확인하는 것이 필요하다. 이를 위해 개방형으로 반구조화된 질문지를 기반으로 그룹형식의 심층면접을 진행하는 것을 권장할만하다.

건국대학교 경찰학과에서 실시한 캡스톤 디자인 수업에서는 학기 시작 3주차에 설문조사를 실시하고, 마지막 16주차에 설문조사를 추가로 실시하였다. 이를 통해 캡스톤 디자인 수업에 대한 이해도, 장단점, 만족도, 개선방안 등을 다음과 같이 확인할 수 있었다.

표 31 | 캡스톤디자인 교수법 운영결과

[캡스톤디자인] 교수법 운영결과

☐ 설문조사 결과 (사전-사후)

○ 개요

■ **주제: 캡스톤디자인 교수법 운영에 대한 인식조사**

■ **조사의 목적**: 캡스톤디자인 교수법 운영에 대한 장단점 분석 및 수강생의 수업 만족도 등을조사함으로써 교수법에 대한 개선 방향 점검

■ **조사 기간**: 사전조사 3주차/ 사후조사 16주차

■ **조사 대상**: 수강생 8명

연번	학과	성명	학번	성별
1	경찰학과	유 ○	200000000	여
2		송○○	200000000	
3		서○○	200000000	
4		이○○	200000000	남
5		김○○	200000000	
6		이○○	200000000	
7		안○○	200000000	
8	컴퓨터공학과	윤○○	200000000	

■ **조사 방법**: 조사대상자에 대한 심층면접과 그룹형 질문조사를 통한 질적 연구방법

1) 개방형 질문지를 통한 그룹형식의 심층면접
2) 심층면담은 1~2시간 동안, 질문에 대한 응답은 참여자들의 진술내용에서 더 이상 새로운 내용을 추가하지 않을 정도로 포화되는 시점까지 진행
3) 주요 내용: 캡스톤디자인 교수법에 대한 ① 이해도 ② 장단점 ③ 만족도 ④ 개선방안

■ **분석 방법**: 개방코딩(Open coding)을 통한 내용분석(Content Analysis)

○ 조사 결과: 캡스톤디자인 교수법에 대한 ① 이해도 ② 장단점 ③ 만족도 ④ 개선방안

구분	측정요인	개방코딩 결과	
		사전조사	사후조사
이해도	난이도	• 3학기 이상 재학생에 적합 • 연구방법론 이수 필요 • 캡스톤디자인 방식에 대한 사전 이해도 매우 낮음	• 4학기 이상 재학생에 적합 • 연구방법론, 통계학 이수 필요 • 캡스톤디자인 방식에 대한 이해도 향상

구분	측정요인	개방코딩 결과	
		사전조사	사후조사
이해도	전공적합성	• 기초 전공 이수 후 수강 가능 • 주제와 관련한 전공분야 단계적 이해 부족 • 수험과목 위주의 일반강의식에 익숙함	• 경찰학, 범죄학, 법학에 대한 전공 이수 후 수강 필요 • 전공분야에 대한 종합적 이해력 향상 • 토론 및 팀프로젝트 학습에 대해 다양하게 경험 • 경찰실무에 적용 가능한 기획적 사고능력 배양에 도움
장단점	단점	• 짧은 기간 동안 팀프로젝트 과제 수행의 어려움 • 과제발표에 대한 훈련 부족으로 수업에 대한 부담 • 합동수업, 릴레이수업에 대한 경험 전무	• 한 학기 내 정책 발굴 및 결과물 제작에 대한 부담감 • 합동수업, 릴레이수업에 대한 사전 계획 부족
	장점	• 소규모 학습으로 수업에 집중도가 높음 • 실무에 적용 가능한 정책 개발에 대한 호기심	• 소규모 학습으로 단합이 좋아지고, 수업 집중도가 높아짐 • 다른 수업에서도 학습방법(연구방법, 분석능력, 프리젠테이션 등) 활용 가능 • 실무에 적용 가능한 정책 개발능력 고취
만족도	소규모 수업	• 만족	• 매우 만족(단합, 집중도 향상)
	토론식	• 보통(낯선 형태의 수업 방식)	• 매우 만족(적극성, 자율성 향상)
	팀프로젝트 방식	• 다소 불만족 (teamwork, free-riding 우려)	• 만족(팀 성과 달성)
	프리젠테이션 훈련	• 부정(과제발표에 대한 부담)	• 매우 만족(개별 성취도 향상)
	현장탐방	• 만족(흥미 유도)	• 만족(실무기획에 필요성 공감)
	합동 수업	• 만족(타 전공에 대한 호기심)	• 다소 불만족(성격이 다른 전공과의 단기 합동과제에 대한 어려움)
개선 방안		• 특별한 사항 없음	• 사전 수강신청 건의 • 개강 전 주제선발 및 팀 훈련 • 전공에 대한 사전 이해 필요 • 2학기로 분할 진행 → 1학기: 종합설계 → 2학기: 실무적용 • 실무자(형사사법기관 종사자)의 특강, 면담기회 마련 • 협업기관 선정 및 교류

○ 결과 및 시사점

종합 결과	• 전반적으로 이해도(난이도), 만족도는 긍정적으로 전환 • 전공적합성 부분에서 저학년 보다는 5학기 이상의 재학생에게 적합 • 다양한 수업방식의 적용에 대한 만족도, 성취도 등 향상 • 합동수업 방식의 적용은 사전계획 및 충분한 시간적 고려 필요
시사점	• 이론 강의식 위주의 수업방식에 익숙한 경찰학과 학생들에게 새로운 수업방식의 적용 가능성 발견 • 전공 특성상 학생들의 태도가 경직되어 있었으나, 자유로운 토론 방식이나 적극적인 참여형 수업에 대한 부담감을 해소 • 단기간 내, 기획능력을 고취함으로써(문제 발굴 → 현장조사 → 정책탐방→ 대안 개발) 실무에 대한 간접적 경험에 도움 • 수업에 대한 자발적 참여와 책임의식이 강화됨에 따라 수강생 전반의 학습능력이 향상됨 • 인문·사회계열의 전공에도 적용 가능한 다양한 방식의 캡스톤디자인 주제 발굴 및 교수법 개발 필요

□ 인터뷰를 통한 학생반응 결과

• [유○ 학생, 3학년]
- 기존 경찰학과의 강의방식과는 다른 형태의 수업을 새롭게 접할 수 있었습니다.
- 저학년 때 배웠던 전공에 대해서 종합적으로 복습하는 기분이었습니다. 경찰채용 시험 중심의 수업 위주로 듣다가, 이런 수업을 들으니 진로에 대한 고민을 새롭게 하게 됐습니다.

• [서○○ 학생, 2학년]
- 2학년 1학기에 수강하느라 전공과목을 다 이해하지 못하는 어려움이 있었습니다. 새로 배우느라 시간이 조금 더 걸렸지만 많은 양을 소화해 낸 것 같습니다.
- 발표나 팀 과제가 늘 부담이었지만, 자유롭게 토론하면서 자신감이 생겼습니다.

• [안○○ 학생, 2학년]
- 학기 초 논문 분석과제를 하는 게 힘이 들었지만, 다른 수업(범죄학)에서 논문을 볼 때 도움이 많이 됐습니다. 마지막에는 모두가 결과물을 다 해 냈다는 뿌듯함을 얻었습니다.

• [송○○ 학생, 2학년]
- 한 학기에 소화하기에는 전공에 대한 이해나 과제물에 대한 압박이 있어서 힘든 수업이라고 느꼈습니다. 1년 동안 진행하면 시간적 여유가 있을 것 같고, 이론이나 실험도 충분이 배울 수 있을 것 같습니다.

• [김○○ 학생, 3학년]
- 합동 수업을 해 본 적이 없어서, 다른 학과랑 수업을 진행할 때 계획적이지 못했던 점이 있었는데, 작년처럼 수강신청을 미리 하고 합동수업 계획도 세우면 조금 더 쉽게 진행될 것 같습니다. 지금 배운 것을 나중에 경찰이나 취업을 해도 잘 활용할 수 있을 것 같습니다.

☐ 애로 및 개선사항

[인문·사회계열에 적용 가능한 캡스톤디자인 방식의 "과제" 개발 필요]
• 캡스톤디자인 수업은 주로 공학계열 학생들에게 산업현장에서 발생하는 문제들을 해결할 수 있는 능력을 길러주기 위해 작품기획, 설계, 제작하는 전 과정을 경험하게 하는 교육과정을 의미함 • 경찰학과(인문사회계열)에 개설된 캡스톤디자인을 통해 작품기획이나 설계 및 제작하는 방식의 교과과정은 한계가 있음. 따라서 인문사회분야에서 활용할 수 있는 다양한 방식의 캡스톤디자인 교수법이 아니라 해당 "과제"를 발굴하는 것이 우선되어야 할 필요 - 해당 교과목 교수가 과제 발굴을 위한 자료수집, 기관 방문 및 협업 시 지원 필요
[운영 기간 및 방법 개선]
• 캡스톤디자인 교수법 적용을 위해서는 강의, 토론, 팀 프로젝트를 단순 활용하는 것이 아니라, 해당 방식에 대한 교수의 피드백이 이루어져야 하므로 운영 시간이 상당히 소요됨 - 2학기로 분할 진행(1학기: 종합설계, 2학기: 실무적용) 하는 방법 제안 - 방학 중 선 수강신청 접수 후 수업계획 진행 등의 방법 제안 - 그룹 토의 또는 발표 수업의 경우 매번 수업시간을 초과하는 경우 발생, 강의실 확보에 대한 어려움 개선 필요 • 타 전공 합동 수업 또는 타 대학과의 릴레이식 수업 진행을 위한 가이드라인이 개발 필요 - 타 전공 합동 수업 사전 협의 시 가이드라인 - 타 대학 릴레이식 수업 진행을 위한 협약 지원 등 • (수업시간 외)현장조사 및 실험실습 시, 전자출결 적용 방식을 자유롭게 입력할 수 있도록 개선 필요

4.2. 수업운영 성과 및 시사점 도출

캡스톤 디자인 수업은 전공기초, 심화이론에 대한 단계적 학습과 연구방법 및 자료분석, 기획과 보고에 이르기까지 과제를 중심으로 종합적인 설계(디자인) 학습법을 경험한다는 차원에서 큰 의의가 있다. 전공 특성상 이론 위주의 강의와 경직된 수업참여에 익숙한 학생들에게 보다 적극적이고 자율적인 수업 환경을 조성함으로써, 수업만족도와 학업성취도 고취시키는 것이 기대된다.

그러나 이와 같은 수업 운영에는 교수의 많은 사전 노력이 필요하다.

따라서 수업운영의 성과를 공유하고 이를 통해 시사점을 도출하는 노력이 반드시 필요하다. 건국대 경찰학과에서는 캡스톤 디자인 수업 후 다음과 같은 수업운영 성과를 확인하였고, 교과목 개발시 타 대학 동일전공 학과와의 연계 학습도 염두에 두고 수업을 진행하였다.

예를 들어 건국대에서는 제1학기에 지역사회의 치안문제 발굴 및 정책제안을 시도하고, 타 대학에서는 이를 기반으로 지역사회 문제해결 프로젝트를 추진하는 것이다. 이와 같은 협업은 캡스톤 디자인 수업 성과물의 확산을 보다 촉진시킬 수 있을 것이다.

표 32 | 캡스톤디자인 수업 운영성과

[캡스톤디자인] 교수법을 활용한 수업운영 성과 및 시사점

수업운영 성과	
• 경찰학과의 전공 특성을 토대로 한 캡스톤디자인 교수법 및 교과목을 개발하기 위해, 지역의 공공기관인 충주시청, 충북지방경찰청, 충주경찰서 등과 "치안 정책 개발 및 범죄예방 설계" 과정을 통한 과제 발굴 • 타 전공 및 타 대학의 동일전공 학과와 합동수업 및 릴레이식 연계 과제를 개발, 해당 교과목에서 복합적으로 적용할 수 있는 교수법 적용 • 전공 특성상 이론 위주의 강의와 경직된 수업참여에 익숙한 학생들에게 보다 적극적이고 자율적인 수업 환경을 조성함으로써, 수업만족도와 학업성취도 고취 • 전공기초, 심화이론에 대한 단계적 학습과 연구방법 및 자료분석, 기획과 보고에 이르기까지 과제를 중심으로 종합적인 설계(디자인) 학습법을 경험 • 지역사회 문제기반 정책 개발 과제를 수행함으로써 실무에 대하 이해와 현장조사를 통한 간적접인 직무체험의 기회 마련, 수강생의 진로 결정에 다양한 정보를 제공	
교과목(과정) 개발 시 시사점	
• **릴레이식 학습법 제안**: 해당 학기에 발굴한 과제를 단계별로 타 대학 동일전공 학과와 연계하여 개발 및 제작, 실제 정책에 반영할 수 있도록 릴레이식 학습법 개발 • 예시: - 1학기 건국대 경찰학과 캡스톤디자인: 지역사회 치안문제 발굴 및 정책 제안 - 2학기 중원대 경찰행정학과 캡스톤디자인: 지역사회 문제해결 프로젝트 개발 - 충북지방경찰청, 충주시청, 충주경찰서 등과 연계하여 과제(정책)를 완성	

4.3. 캡스톤 디자인 결과물과 홍보

캡스톤 디자인 수업의 결과물은 상당한 가치를 갖는다. 단지 강의실 이론수업의 결과물이 아닌, 실제 현장의 문제에 대한 심층적인 조사·연구의 결과물이기 때문이다. 그리고 교수의 지도 아래 여러 학생들이 공동으로 진행하는 프로젝트 결과물이라는 점에서 일부 검증이 이루어졌다고 볼 수 있다. 따라서 캡스톤 디자인 결과물을 단지 학점 평가에 반영하는 것을 넘어 보다 적극적인 홍보에도 관심을 가질 필요가 있다.

오늘날은 인터넷, 스마트폰의 보급으로 캡스톤 디자인 결과물 홍보도 훨씬 용이해졌다. 조금만 관심을 기울이면 큰 비용 없이도 많은 사람들에게 결과물을 알릴 수 있는 것이 가능하다. 특히 흥미로운 동영상을 제작하여 홍보한다면 즉각적인 관심을 불러일으킬 수 있다. 이와 같은 홍보는 사람들의 관심을 촉진하고, 이는 추후 캡스톤 디자인 수업에 참여하는 학생들에 대한 동기부여를 가져온다는 점에서 더욱 중요하다.

건국대학교 경찰학과에서는 캡스톤 디자인 결과물을 동영상으로 제작하여 유투브(youtube), 에브리타임(everytime) 등을 통해 홍보하였다. 각 팀들은 한 학기 동안 진행한 프로젝트의 개요, 활동 모습, 결과물 등을 담은 동영상을 약 6~7분 정도로 제작하였다. 디자인 전문가들의 도움을 받아, 직관적인 누구나 흥미롭게 시청할 수 있도록 컨텐츠를 만든 것으로 보인다. 이러한 컨텐츠가 누적되면 캡스톤 디자인 수업이 더욱 큰 효과를 가져올 수 있을 것이다.

그림 37 | 건국대학교 범죄예방 종합설계 유튜브71)

71) https://www.youtube.com/channel/UCqFP-hkun8fKrHBYhEJcswg

Chapter

4

원격수업용 툴 사용법

Chapter

04 원격수업용 툴 사용법

제1장

ZOOM 사용법

1.1 ZOOM 이란?

코로나19(COVID-19)가 극성을 부리기 시작하면서 4명 이상 대면 회의 혹은 대면 수업이 금지되므로서 비대면으로의 전환이 급속하게 이루어지기 시작했고, 마침 온라인 비디오 콘퍼런스 시스템(Online Video Conference System)을 개발했던 ZOOM이 각광을 받기 시작했다. 코로나19 상황이 예상보다 길어지고 팬데믹으로 인한 국가 간의 대면접촉이 불가능해지면서 각종 비디오 콘퍼런스 시스템이 개발되기 시작했지만 가장 먼저 도입되기 시작한 ZOOM 시스템이 각종 비대면 장면에서 주목을 받고 있다.

현재 초, 중, 고교 및 대학에서도 ZOOM을 통한 비대면 수업이 진행되고 있기 때문에 장기화되는 코로나 상황이 막을 내리더라도 당분간 ZOOM을 사용한 수업이 계속될 가능성이 높기 때문에 ZOOM을 활용하는 방법을 익혀둘 필요가 있다.

이 시스템은 중국에 본부를 두고 있는 Zoom Video Communications에서 개발했고, COVID-19 팬데믹 기간동안 4억 7,700만 다운로드를 기록했다. 유료플랜과 무료플랜이 있는데 무료플랜에서도 40분 간 100명의 참가자가 동시에 참여할 수 있는 영상 채팅서비스를 제공하고 있고, 유료 요금제에 가입하면 맥시멈으로 1,000명의 참가자가

30시간 동안 사용할 수 있다. ZOOM은 Windows, MacOS, iOS, Android, Chrome OS 및 Linux 기반에서도 호환이 되기 때문에 기술적인 전문지식이 없어도 간단하게 사용할 수 있기 때문에 많은 유저를 확보할 수 있었다. 기능을 살펴보면, 1대1회의, 그룹 화상회의, 화면공유, 플러그인, 브라우저 확장기능, 회의를 녹화하고 자동으로 기록하는 기능 등이 제공되고, 사용자는 가상 배경을 선택해서 자신의 배경으로 사용할 수 있다. 초기에는 보안기능의 미비로 인해서 많은 불만이 제기되었지만 2020년 6월부터 ZOOM은 AES 256 GCM암호화를 통해 비즈니스 및 기업 사용자에게 종단 간 암호화를 제공하기 시작했고, 10월부터는 무료 및 유료사용자에게도 종단 간 암호화를 추가함으로서 보안체제를 업그레이드 시켰다.

1.2 인스톨 및 옵션 설정

(1) ZOOM 인스톨 및 사용환경 구축

① 포털사이트 접속하여 ZOOM 다운로드

주요 포털 사이트에서 ZOOM을 검색하여 홈페이지에 접속 후, 자신의 정보기기에 맞는 프로그램을 다운로드한다.

PC용은 컴퓨터에서 다운로드, 스마트폰용은 Google Play 혹은 App Store를 통해 다운로드한다.

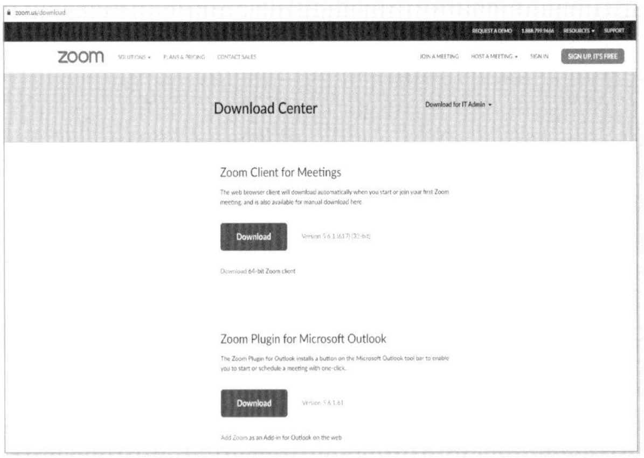

② ZOOM 인스톨

다운로드 된 파일을 더블클릭(Zoominstaller.exe)하면 자동으로 프로그램 설치가 진행된다.

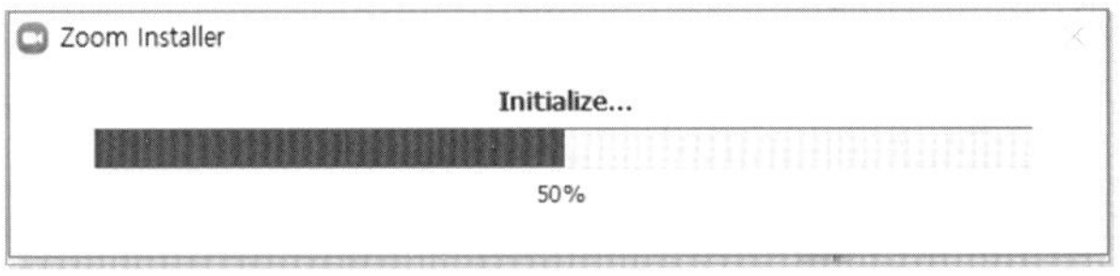

③ 프로그램 로그인

프로그램을 로그인을 위해 가입된 정보를 입력한다. 계정이 없는 경우, 무료가입과 유료가입 중 두 가지를 선택하여 진행할 수 있다.

만일 Google 또는 Facebook 계정이 있는 경우 연동을 통해서도 로그인이 가능하다.

무료가입과 유료가입의 차이는 가입 시 나타나는 플랜을 통해 확인이 가능하다.

④ ZOOM 홈 메뉴 살펴보기

로그인이 완료되면 ZOOM 홈 메뉴가 나타난다.

DASHBOARD에서는 전체 상황 컨트롤이 가능하며, ZOOM 관련 기본 실행 메뉴 및 환경설정 등이 가능하다.

화면에 나타난 각 기능별 설명은 아래와 같다.

ⓐ **ZOOM Home 메뉴** : 홈페이지 접속, 채팅, 회의, 연락처 관련 기능이 위치하여 있음.
ⓑ **새 회의** : 로그인 한 사람이 호스트가 되어 진행하는 경우 선택
ⓒ **참가** : 로그인 한 사람이 다른 회의에 참가자가 되는 경우 선택
ⓓ **예약** : 사전에 예약된 시간에 회의를 진행하는 경우 선택
ⓔ **화면 공유** : 자료를 공유하면서 회의를 진행하는 경우 선택

⑤ 강의 시작 및 초대

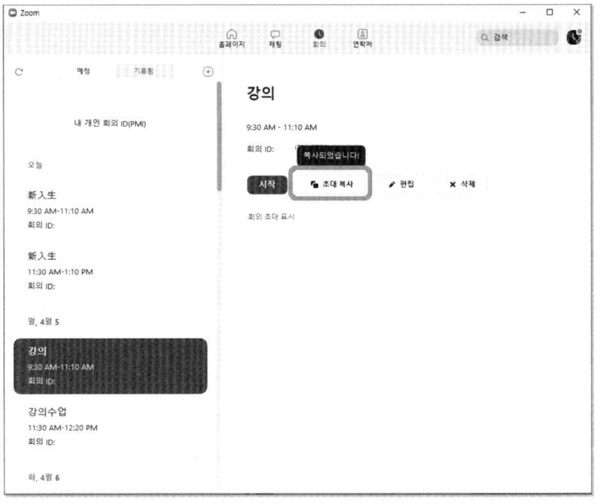

강의시작을 위해 새 회의를 생성 후 강의를 시작한다.

강의에 참여할 학생들을 초대하기 위해 화면에서 '초대 복사' 버튼을 클릭하면 수강생들이 입장할 수 있는 URL 및 접속정보 복사되며, 이 내용을 문자, 카카오톡 등 SNS를 통해 복사내용을 전송할 수 있다.

⑥ 회의편집

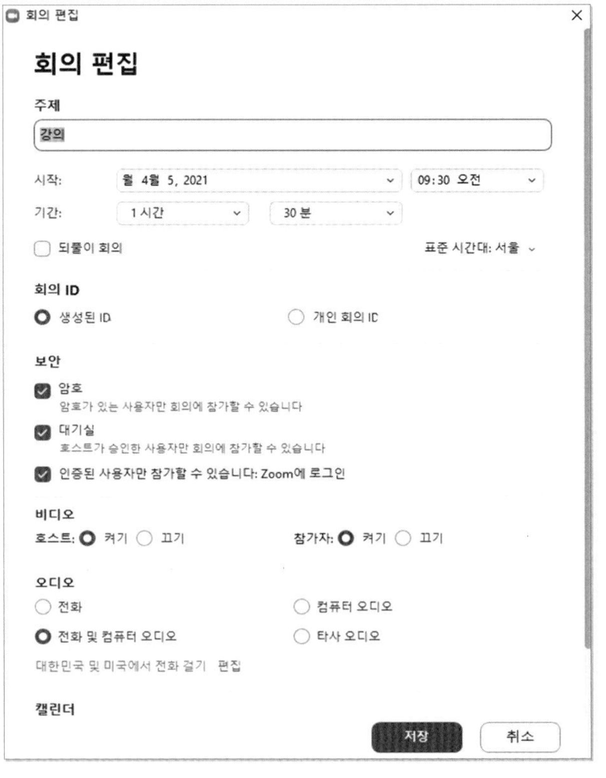

강의 혹은 회의시간에 대한 세부적인 수정이 가능하다.

회의 주제를 변경하거나, 강의 시작 및 종료 시간을 지정할 수 있으며, 회의가 여러 개인 경우, 생성된 회의 ID를 통해서 회의를 생성할 수 있다.

이 외에도, 보안을 위한 암호 설정, 대기실을 활용하여 승인된 사용자만 회의에 참여할 수 있도록 하거나, 비디오, 오디오 효과 등을 설정할 수 있다.

(2) ZOOM 설정

① ZOOM 설정하기

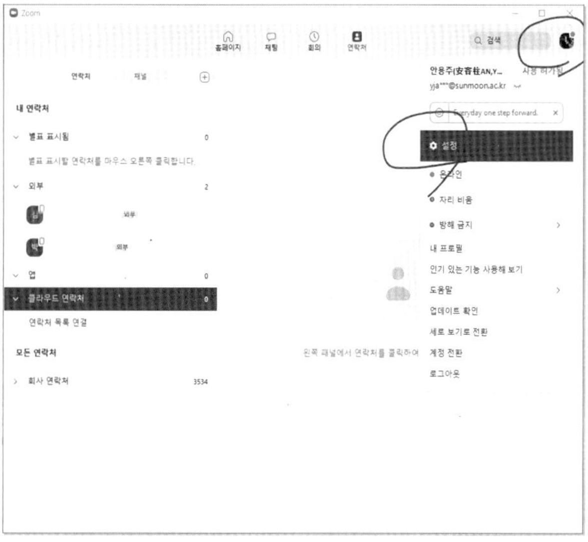

설정 메뉴에서는 ZOOM 사용을 위한 기본 및 각종 설정이 가능하다.

설정 메뉴에서는 주로 비디오, 오디오와 관련된 설정을 포함하여 화면공유, 채팅, 배경 설정, 녹화, 계정 등 프로필 수정에 관련된 메뉴가 위치하여 있다.

아래는 주요 설정 기능에 대한 설명이다.

② 비디오 및 오디오 설정

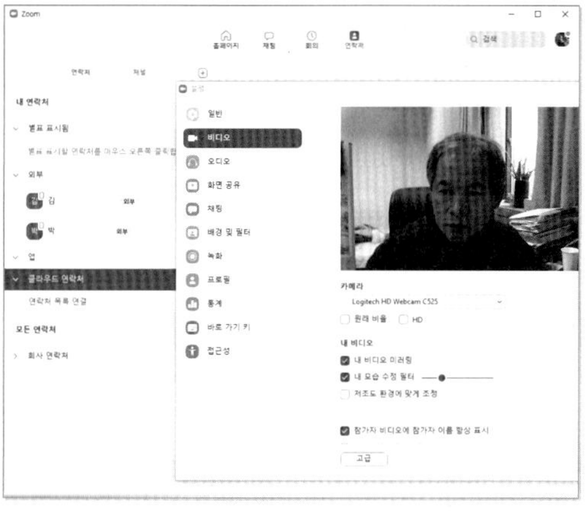

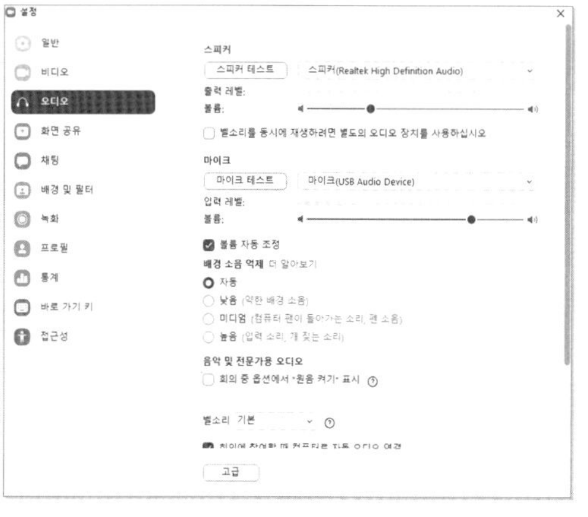

비디오 및 오디오 설정에서는 ZOOM에서 실행 시 공통적으로 적용되는 부분에 대한 설정이 가능하다.

- 비디오 설정 : 비디오 소스 및 카메라 필터 등에 대한 조절
- 오디오 설정 : 오디오 및 마이크 볼륨 등 조정

③ 화면공유 설정

강의 및 회의 자료를 호스트가 공유 가능하도록 설정하는 기능이다.

이 화면에서는 공유방법 설정, 원격 제어, 프로그램 창 공유 방법 등을 기본적으로 설정할 수 있다.

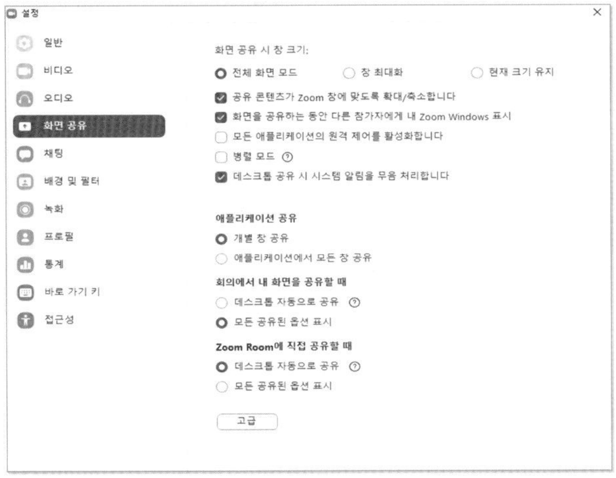

④ 채팅 설정

수강생에 대한 텍스트 전송기능 등을 설정할 수 있다.

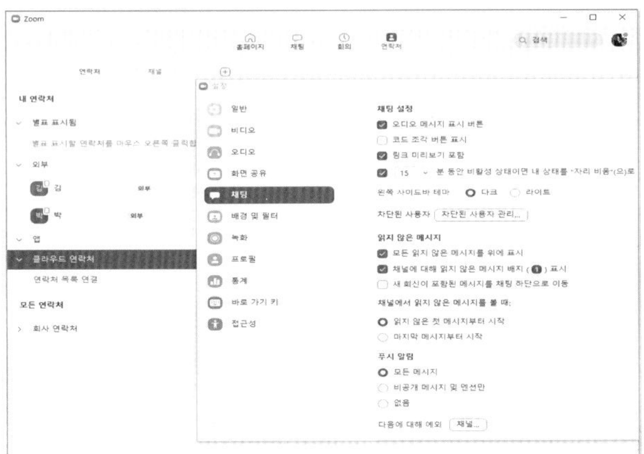

⑤ 배경 및 필터 설정

배경 및 필터 설정에서는 카메라 화면에 대한 설정변경이 가능하다.

가상배경 사용과 카메라 필터 기능에 대한 설정을 통해 배경 효과를 줄 수 있다.

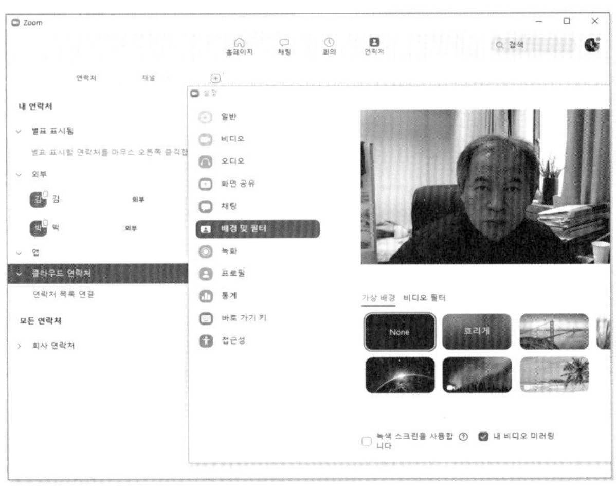

⑥ 가상 배경 설정하기

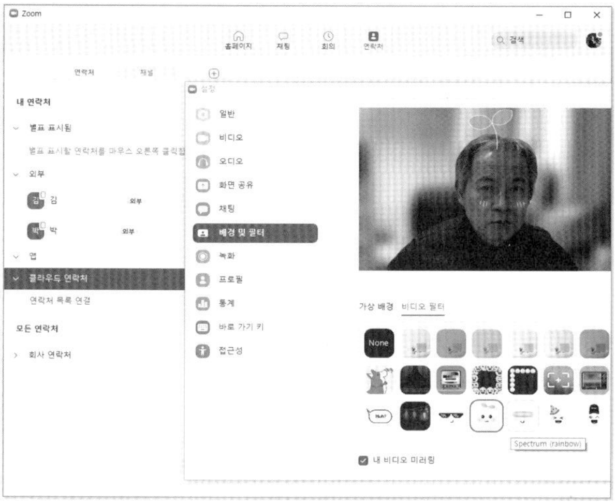

가상배경 설정은 공공장소에서 접속 혹은 배경을 감추고 싶을 때 권장하는 기능이며, 필터 적용이 가능하다.

가상배경 적용을 위해 제일 먼저 가상배경 패키지를 다운로드한다.

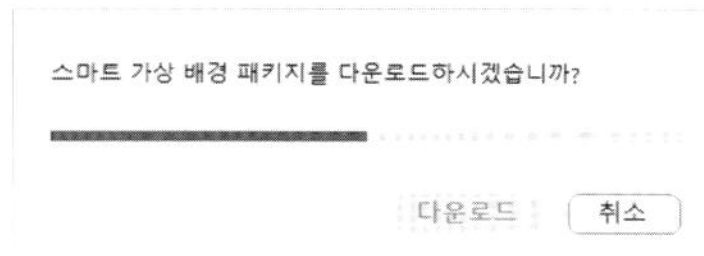

다운로드가 완료되면, 가상배경 탭에 다운로드 완료된 리스트가 나타나며, 이 중 원하는 배경을 선택하면 왼쪽과 같이 적용되는 것을 확인 할 수 있다.

⑦ 녹화 기능 설정

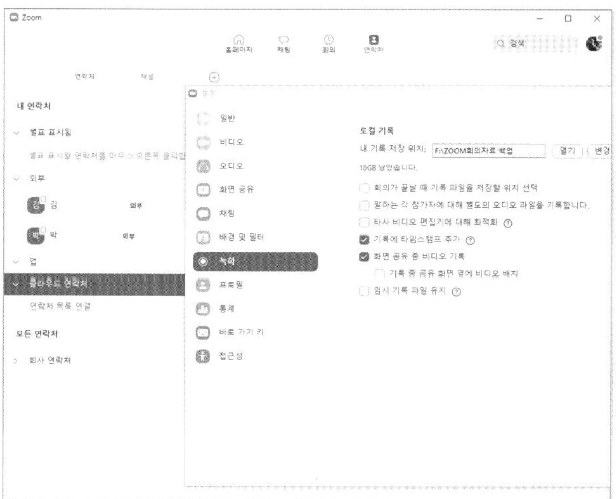

녹화 설정에서는 강의 전체 녹화설정이 가능하다.

이를 통해 출석확인, 복습 등을 실시 할 수 있다.

녹화 설정 시 충분한 용량이 있는 지 확인해야 하며, 용량은 저장 위치 하단에 표시되어 있다.

⑧ 프로필 설정

강의자 혹은 호스트의 프로필 편집이 가능하며, 접속 암호 등 관리가 가능하다.

해당 기능 선택 시 ZOOM 인터넷 웹페이지로 자동 접속되어 해당 페이지에서 설정이 진행된다.

1.3 ZOOM 사용법

ZOOM을 활용한 수업은 통상 대학에서 사용했던 동영상 강의와 큰 차이는 없는 것으로 보인다. 교실의 전통수업방식에서는 칠판, 컴퓨터 및 다양한 멀티미디어 리소스를 사용해서 수업을 진행할 수 있지만, ZOOM을 활용한 수업방식은 전통적 교실수업을 방송 송출을 하면서 생방송으로 진행한다고 생각하면 쉽게 이해할 수 있다.

다만, 전통적 교실수업(대면수업)은 교실 안에서 학생들과의 다양한 인터렉티브가 일어날 수 있기 때문에 교수자의 전달력이 때에 따라서는 100% 이상의 전달력을 발휘할 수도 있지만, ZOOM은 카메라와 오디오로 교실 내에서 이루어지는 모든 것을 보여주고 커뮤니케이션을 해야 한다는 한계가 있기 때문에 경험적으로는 대면수업과 비교해서 전달력은 50%를 넘기 어렵다고 생각한다(매우 주관적인 기준임). 교수자의 개인적 특성에 따라 발음이 좋은 경우가 있고, 알아듣기 어려운 경우가 존재함은 물론이고, 학습자의 경우에도 리스닝 능력이 탁월한 경우와 그렇지 못한 경우가 존재하기 때문이다. 특히, 유학생이 많은 클래스의 경우에는 특히 한국어의 전달력이 50% 이하로 급속하게 떨어질 수 있다. 커뮤니케이션의 90%는 실질적으로 Nonverbal language에 의해 이루어진다는 연구결과[72]가 있다. Nonverbal language에는 다양한 body language 및

facial expression, voice color 등이 동원되기 때문에 교수자의 전달력이 부족하더라도 커뮤니케이션 속에서 이해도가 높아질 수 있지만, ZOOM을 활용한 라이브 수업에서는 카메라를 경유하는 동안 교수자의 VOICE와 TEXT에 의존해야 하기 때문에 커뮤니케이션의 이해도가 저하될 가능성이 매우 높아지는 것으로 판단된다.

그러나, 경우(전공)에 따라서 혹은 교과목에 따라서 ZOOM을 활용한 수업이 더 강력한 툴이 되는 경우도 있다. 교수자의 교수내용에 따라 대면수업과 비대면수업의 장단점을 잘 파악하고, ZOOM이라고 하는 비대면수업에서의 강력한 툴을 본인의 수업에 어떻게 매칭시킬 것인지에 대한 고민과 경험이 필요하다.

캡스톤디자인과 같은 PROJECT BASEED LEARNING에서는 비대면의 한계가 분명히 존재하지만, 최선의 방법을 찾아내는 것이 교수자의 역할이다.

ZOOM을 통한 교수자 대 학습자 전체와의 강의식 전달법과 팀빌딩 이후의 팀별 프로젝트 진행을 위한 소그룹 기능을 활용하여 팀별 활동이 어느정도 이루어질 수 있는 환경을 제공할 수 있다. 주어진 미디어의 기능을 충분히 숙지하지 못하면 비대면수업은 오히려 학습자들이 학습에 몰입하지 못하고 시간을 낭비하는 요소가 충분히 존재한다는 사실을 주지할 필요가 있다.

ZOOM에서 소그룹 활동을 하는 방법에 대해 설명한다.

① ZOOM 로그인 및 홈 화면 이동

ZOOM 실행 후 사전 등록한 ID/PW로 로그인 후, 홈 화면으로 이동한다. 이후 교수자 또는 학습자 특성에 따라 새 회의 또는 회의 참가를 클릭한다.

72) Albert Mehrabian. University of California, Los Angeles. Silent Messages (1971).

② 교수자 확인

새 회의를 통해 교수자가 입장하면, 강의 개시 준비가 완료된다.

수업진행을 위한 메뉴는 PC 화면 아래쪽에 메인 메뉴 노출되며, 메뉴 구성은 아래와 같다.

ⓐ 수업 녹화기능 ON/OFF
ⓑ 강의 계속 시간
ⓒ 화면 사이즈 조정
ⓓ 메인 화면
ⓔ 교수자 마이크 끄기
ⓕ 교수자 비디오 끄기
ⓖ 학습자(수강자) 출석 창 켜기
ⓗ 학습자료 공유 버튼
ⓘ 분반활동을 위한 소회의실 개설 버튼
ⓙ 수업(강의/회의) 종료 버튼

③ 학습자입장

설정 마무리 후 강의 시작 시간이 되면 학습자가 그림과 같이 입장한다.

이 상태에서 강의 개시가 가능하다.

④ 소회의실 개설

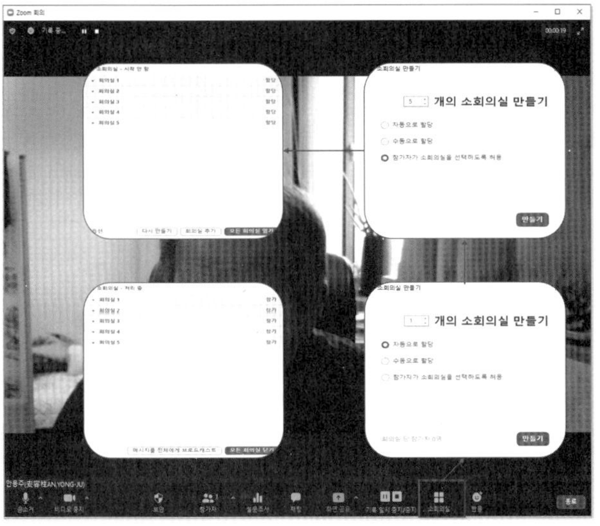

ZOOM에서는 조별활동을 위한 소회의실 개설 기능이 있으며, 이를 활용하면 오프라인과 비슷한 소그룹 활동이 가능하다.

소회의실은 자동/수동/참가자 선택 허용 등 3가지 옵션이 있으며, 개설을 희망하는 회의실 수 지정이 가능하다.

⑤ 소회의실 운영

교수자는 소회의실에 선택적으로 참가가 가능하다. 또한, 학습자 콜 기능에 응답하는 방식으로 참가가 가능하다.

1.4 ZOOM 활용법

ZOOM을 활용한 온라인 비대면 강의 툴을 활용하여 팀 프로젝트를 진행하기 위해서는 소회의실 기능을 효율적으로 활용할 필요가 있다. 대면강의에서는 팀별로 구성된 모둠활동에 교수자가 순간순간 개입하여 회의 진행을 관찰-개입-방향설정-피드백

등으로 프로젝트를 제어할 수 있지만, 비대면 모둠활동에서는 생각만큼 여의치 못한 것이 사실이다.

교수자는 개설된 소회의실을 순회하면서 학생들의 반응을 체크하고, 진행되고 있는 프로세스를 관찰하고, 적절한 피드백을 제시해 줘야 한다. 프로젝트의 방향이 바른 방향으로 갈 수 있도록 가이드라인을 제시하고, 때에 따라서는 방향을 선회할 수 있는 기회를 제공해 줄 수 있어야 주어진 기간 내에 프로젝트를 달성할 수 있다.

소회의실을 개설하는 방식에는 아래 3가지 종류를 교수자가 선택할 수 있다.

① 자동 : 참여 학생 수를 개설 회의실 수만큼 동일 비율로 자동(랜덤) 배정
② 수동 : 교수자가 임의로 학생 배정
③ 참가자 선택 : 팀빌딩으로 구성된 학습자가 개설된 소회의실로 자발적 참가

"자동"을 선택하면, 교수자가 미리 개설해 놓은 소회의실 수만큼 학습자를 컴퓨터가 랜덤으로 자동 배정해서 소회의실1~n까지 자동으로 배정하여 학생들을 소회의실로 이동 배치시키는 기능이다.

"수동"을 선택하면, 교수자는 학습자 수를 참고로 몇 명씩 모둠을 구성할 것인지 결정하고, 그에 맞는 소회의실 수만큼 개설을 한 후, 교수자가 한 명씩 회의실에 배치시키는 방식이다. 시간이 많이 걸리고 학습자 수가 많으면 필요없는 에너지가 소모되기 때문에 학생 수가 적은 소그룹 모임에서 적당하다.

"참가자 선택"기능을 사용하면, 교수자는 사전에 팀빌딩을 완성해 놓고 참가자에게 각자 몇회의실인지를 사전에 인지시킨 다음, 참가자가 자신들의 소회의실에 스스로 찾아갈 수 있도록 하는 방법이다. 학습자들에게 능동적인 학습참가를 유도할 수 있고, ZOOM 기능을 알아갈 수 있도록 하는 효과가 있으므로, 개인적으로 매우 선호하는 기능이다. 또한 자료를 제시하면서 강의 혹은 설명을 하는 경우를 위해 "공유"메뉴를 활용하는 방법을 익힐 필요가 있다.

공유기능에는 두 가지 방법이 있는데, 교수자 (호스트)에게 단독으로 공유기능을 부여하는 방법과 학습자 누구나 각자가 "공유"할 수 있도록 기능을 부여하는 방법이 있다.

학습자료 공유 방법은 다음과 같다.

① 소회의실1

소회의실 개설과 팀별 활동을 위한 '공유'를 활성화 한다.

② 소회의실2

공유를 위해 참가자 지정을 선택한다.

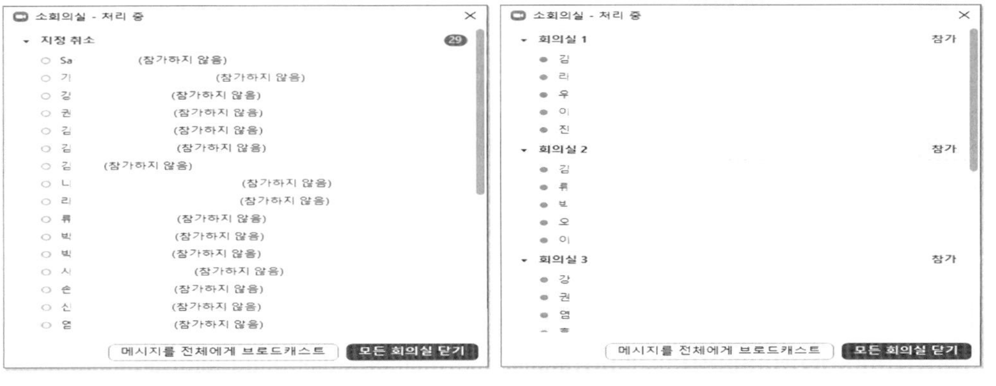

③ 공유

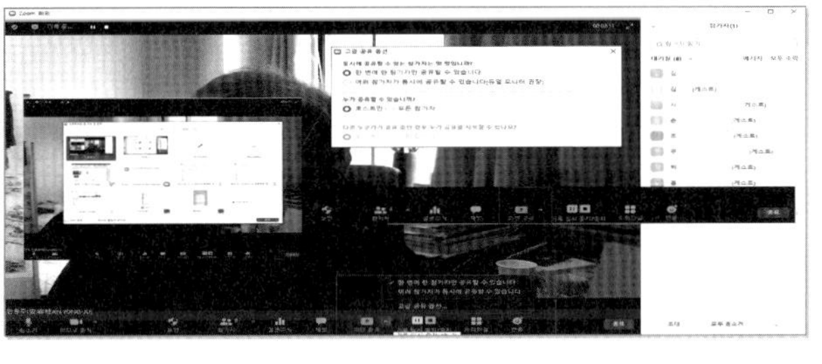

학습자료가 공유되며, 참가자 모두에게 공유 권한이 부여된다.

제2장

웹엑스 사용법

ZOOM과 Webex는 고급 화상회의 기술을 통해 공품질 가상회의 및 프레젠테이션을 개최할 수 있는 강력하고 효율적이며 신뢰할 수 있는 온라인 컨퍼런스 도구로 알려져 있다. ZOOM이 비대면 사회를 리드하기 시작하면서 다양한 온라인 비디오 컨퍼런스 툴이 발표되었는데 그 중에서 CISCO에서 발표한 Webex가 강력한 대안으로 부상했다. 1995년부터 서비스를 시작한 Webex Meeting Center는 이 툴을 사용하여 이벤트, 웨비나, 화상회의를 쉽게 구성할 수 있어 기업으로 하여금 보다 쉽게 커뮤니케이션을 할 수 있도록 다양한 서비스를 제공하고 있다.

표 32 | ZOOM vs. Webex

	ZOOM	Webex
Cost	Free ~ $19.99/mo.+	Free ~ $26.95/mo.+
Basic Features		
Participants	Up to 100 Participants	Up to 500 Participants
Support	Online Support for free, phone for paid, Account Manager for Enterprise	Online for free, Phone Support During Business Hours up to 24-7 for Enterprise
Conferencing Features	HD Video, HD Voice, Screen Sharing, Whiteboarding	HD Video, Screen Sharing, , Whiteboarding
Web Features	Private & Group Chats, MP4 or M4A Local Recording, Host Controls, Chrome & Outlook Plug-Ins	Multimedia Content Sharing, Local Recording, Host Controls Toll-Free Dial-In
Supported Integrations	Google Drive, Pardot, Dropbox, Eloqua, HubSpot, Infusionsoft & More	Microsoft Office, Google Calendar, Facebook Live & More

위에서 살펴본 바와 같이 두 가지 툴이 가지고 있는 특성은 크게 다르지 않다. 화상회의 시스템에서 가장 중요한 기능은 '보안 기능'으로 비즈니스 회의 및 화상회의 세션에서

가장 중요하다. 두 시스템 모두 매우 안전하고 신뢰할 수 있는 솔루션을 제공하고 있다. 물론 초창기에는 ZOOM의 보안에 대해 우려하는 의견이 다수 있었지만 꾸준한 업데이트를 통해 지금은 그런 보안상의 우려는 상당부분 해소된 것으로 알려져 있다. 따라서 암호화 및 사용자 인증과 같은 기능은 두가지 화상회의 플랫폼 모두 신뢰할 만한 수준에 와 있다. 또 하나는 비즈니스 장면에서 '사용자 편의성'에 대한 진지한 고민이 필요하다. 복잡한 소프트웨어는 시간 낭비가 많기 때문에 소비자 피드백에 따르면 ZOOM이 Webex에 비해 사용자 친화적이라고 답하고 있다. 보안과 사용자 친화적 측면에서는 두 가지 시스템 모두 합격점이며, 한 시스템에 익숙해 지면 두 가지 시스템 모두 사용하는데 크게 어렵지 않도록 사용자 친화적이며 직감적인 메뉴구성으로 이루어져 있어 사용이 매우 간편하다.

Webex 인스톨 및 사용법은 아래와 같다.

① 포털사이트 접속 후 Webex 다운로드

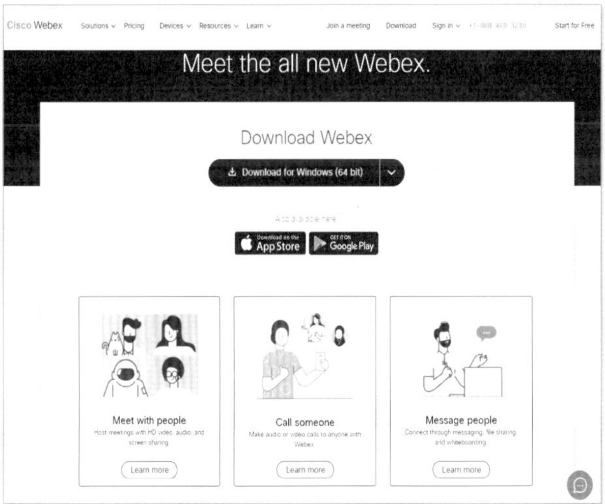

포털 사이트에서 Webex 검색 후 홈페이지에 접속한다.

이후 자신의 정보기기에 맞는 프로그램을 아래와 같이 선택하여 다운로드한다.

② 파일 인스톨

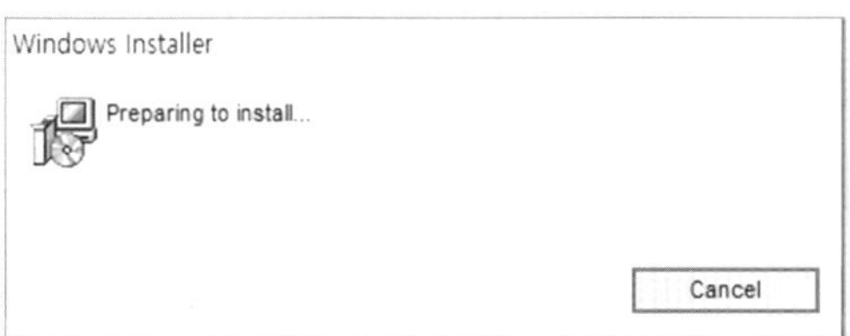

다운로드 된 파일 더블클릭하여 설치를 진행한다.

③ 로그인

프로그램 설치 완료후 Webex를 실행하여 로그인을 진행한다.

이 때, 계정이 없는 경우 회원 가입을 진행한 후 로그인한다.

④ 홈 화면 확인

로그인이 완료되면, Webex 홈 메뉴가 나타난다.

DASHBOARD에서 전체 상황 컨트롤이 가능하다.

참고문헌

Bong, H. C. (2007). Key success factors of action learning programs in Korean companies: contents and relationships. Econ Bus Rev, 25(25), 1-34.

Bong, H. C. (2010). If you want success, do action learning, Haesung: B Wave.

Buchanan, R. (1992). Wicked problems in design thinking, Design Issues, 8(2), 5-21.

Rittel, H. W. J. (1972). On the planning crisis: Systems analysis of the first and second generations, Institute of Urban and Regional Development, 390-396.

Kim, H. S. & Bong, H. C. (2010), A Study on the development of a competency model for action learning coach, Koreanische Zeitschrift fuer Wirtschaftswissenschaften, 28(2), 53~80.

Dotlich, D. L. & J. L. Noel. (1998). Action Learning: How the World's Top Companies are Recreating their Leaders and Themselves, San Francisco: Jossey-Bass.

Marsick, V. J. & O'Neil. J. (1999). The Many Faces of Action Learning, Management Learning, 30(2), 159-176.

Brown, T. (2008). Design thinking. Harvard business review, 86(6), 84.

Plattner, H., Meinel, C. & Leifer, L. (2011). Design Thinking: Understand- Improve-Apply. Heidelberg: Springer.

Jeong, H. T. (2015). Instruction design based on Action-Learning in Moral Subject: Focus on 'Information ethics education' in high school. Korea Ethics Education Association, 36, 101-128.

Weinstein, K. (1999). Action Learning. A Practical Guide, 2nd ed. Aldershot: Gower Publishing Ltd

Marquardt, M. J., & Revans, R. W. (1999). Action learning in action: Transforming problems and people for world-class organizational learning. Davies-Black Pub.

Han SH(2018). Development of Capstone design Instruction Model following International Standards: Focusing on University Engineering Students. Pusan National University Graduate Doctoral Thesis. http://uci.or.kr/I804:21016-000000133938

https://www.youtube.com/watch?v=0C2hK-dETE8 (한국지방관광연구원 채널 검색)

Reynolds, M. (2011) "Reflective Practice: Origins and Interpretations". Action Learning: Research and Practice, 8(1), 5-13, Revans, R. W. (1998) ABC of action learning. London: Lemos and Crane

Michael Marquardt, Ng Choon Seng, and Helen Goodson. (2010). "Team Development via Action Learning", Advances in Developing Human Resources, SAGE Publications, pp. 241-255

Thalheimer, W. (2003, January). The learning benefits of questions. Retrieved 12 September 2015

Delbecq, A. L.; VandeVen, A. H (1971). "A Group Process Model for Problem Identification and Program Planning". Journal of Applied Behavioral Science. 7: 466-91. Wikipedia 재인용

Explanation of the Toronto Community Housing participatory budgeting process. Archived December 11, 2009, at the Wayback Machine. en.wikipedia.org 재인용

Jeseph DeVito(2000), The elements of public speaking(7th ed.). New York, NY:Longman.

Gibbs, G. (1988) Learning by Doing: A guide to teaching and learning methods. Further Education Unit, Oxford Brookes University, Oxford.

Rolfe, G., Freshwater, D., & Jasper, M.(2001). Critical reflection for nursing and the helping professions: A user's guide, Palgrave Basingstoke.

Hacker, Diana. A Pocket Style Manual (5 ed.). Boston: Bedford/St. Martin's. p. 107. ISBN 0312559933 위키피디아 재인용

Albert Mehrabian(1971). University of California, Los Angeles. Silent Messages .

안용주(2019).『관광을 통한 지역만들기 성공사례집』, 선문대학교출판부

한국관광공사 (2019).『2020년 세계여행트렌드』. 5pg

박상혁 외3(2016), 사회혁신을 위한 디자인 싱킹과 액션러닝의 통합모형, 벤터창업연구 제11권 제2호(통권44호)재인용

양황규(2019). 캡스톤 디자인 수업이 창의적 활동에 미치는 영향에 대한 연구. 해양교육연구 제31권 제5호, 통권101호, 2019

연구윤리를 위한 지침, 시행 2018.7.17. 교육부훈령 제263호, 2018.7.17. 일부개정

저자소개

안 용 주

선문대학교 국제레저관광학과 교수

[약력]
- NIHON UNIVERSITY(M.A.)
- NIHON UNIVERSITY(ph.D.Cand)
- 전 충청남도지사 정책특별보좌관(관광)
- 충청남도 정보문화산업진흥원 등기이사
- 충청남도 관광협의회 이사
- 충청일보 칼럼니스트

<저서>
- 관광을 통한 지역만들기 성공사례집(2019)

<연구용역>
- 충청남도 해양레저관광 종합발전전략수립. 충청남도, 2020 (공동)
- 제7차 충남권 관광개발계획수립. 충청남도, 2021 (책임)

김 면 기

경찰대학교 법학과 교수

[약력]
- University of Wisconsin Law School (LL.M.). 법학석사.
- University of Wisconsin Law School (S.J.D.). 법학박사.
- 뉴욕 주 변호사

<저서>
- 수사사례연구, 박영사, 2020 (공동)
- 미국의 경찰활동 (번역), 박영사, 2020 (공동)
- 인권보호를 위한 수사절차법 제정연구, 치안정책연구소, 2017 (공동)

<연구용역>
- 고소·고발 입건관행 개선을 위한 선별입건 등 정책연구, 치안정책연구소, 2020 (공동)
- 첨단 과학수사 정책 및 포렌식 기법 종합발전방안 연구(Ⅲ), 형사정책연구원, 2019 (책임)
- 변호인의 경찰 피의자 신문 참여에 대한 경험적 연구, 한국연구재단, 2019 (책임)

사과(사회과학)를 위한

디자인싱킹 기반 캡스톤디자인 論

초판1쇄 발행 2021년 8월 27일

지은이 | 안용주·김면기

발행인 | 황선조

발행처 | 선문대학교 출판부

등록번호 | 제9호

등록일 | 1998년 9월 25일

주소 | (31460) 충남 아산시 탕정면 선문로221번길 70

전화 | 041-530-2827 팩스 | 041-530-2979

디자인·인쇄 | 우리시스템 041-541-2742

판매가 | 15,000원

ISBN 978-89-8423-890-9 93300